顶针安全公司
DZ Security Group International

中国公民境外安全报告 2015

A Report on the Chinese Citizen Security Abroad 2015

顶针安全·顶针智库◎著

时事出版社

图书在版编目（CIP）数据

中国公民境外安全报告．2015/顶针安全·顶针智库著．
—北京：时事出版社，2015.9
ISBN 978-7-80232-878-5

Ⅰ.①中… Ⅱ.①顶… Ⅲ.①出入境管理—安全风险—
研究报告—中国—2015 Ⅳ.①D631.46

中国版本图书馆 CIP 数据核字（2015）第 189522 号

出 版 发 行：时事出版社
地　　　址：北京市海淀区万寿寺甲 2 号
邮　　　编：100081
发 行 热 线：（010）88547590　88547591
读者服务部：（010）88547595
传　　　真：（010）88547592
电 子 邮 箱：shishichubanshe@sina.com
网　　　址：www.shishishe.com
印　　　刷：北京昌平百善印刷厂

开本：787×1092　1/16　印张：10.25　字数：110 千字
2015 年 9 月第 1 版　2015 年 9 月第 1 次印刷
定价：40.00 元
（如有印装质量问题，请与本社发行部联系调换）

内容摘要

本报告着眼于中国加入世界贸易组织（WTO）后中外关系迅猛发展的大背景，聚焦中国公民境外安全风险的井喷式增长，以唯物辩证方法、系统分析方法、统计分析方法、比较分析方法、案例分析方法，依据独家搜集编成的案例数据，对中国公民境外安全风险进行宏观与微观相结合的总结、梳理和研究，旨在探讨中国公民境外安全风险的特点、成因和规律，提出有针对性和可操作性的应对建议，把中国公民境外安全保障提升到新水平。

课题研究大致按如下步骤进行。首先，简要地回顾近十年来中国公民境外活动急剧增长的大体情况和趋势，作为认识和理解中国公民境外安全风险的背景。其次，统计和梳理十年来中国公民境外遭遇的安全风险，包括自然风险、社会风险、商业风险和政治风险四大类，暴恐伤害、绑架、盗抢、扣押、强奸和交通事故等十多种。再次，比较分析了其地区和国别分布。再次，将遭遇境外安全风险的中国公民各群体分成国企员工、民企员工、游客和留学生这四大类，依据统计数据，分别研究分析各群体所遭遇安全风险的轻重缓急、特点与成因，横向比较不同群体遭遇同类风险的风险发生率，探讨规律性。最后，总结我十年来有效做法，借鉴美、英、日等发达国家经验，将中国公民境外安全风险应对视作系统工程，分析探讨政府、企业、媒体、市场和公民个人所应扮演的角色与作用。

经过研究，得出结论如下：

第一，中国公民境外安全风险井喷式增长，首要原因是中国公民境外活动人员多，具有规模效应。第二，中国公民境外安全风险井喷式增长，具有某种阶段性。出境人员突然大幅增加，相关应对机制严重滞后，风险防范与应对乏力。党和政府及各方面迅速采取措施应对，有效遏止了风险恶性增长的势头。随着各类群体安全意识增强，政府体制机制优化，社会与市场积极介入，中国公民境外安全保障将有根本性改观。第三，中国公民境外安全保障是系统工程，中国政府、涉外企业、新闻媒体、安保市场和涉外公民个人，都具有不可替代的角色与作用，需各司其责，协同推进，形成系统集成效应。

ABSTRACT

This paper is written against the background of the rapid growth of China's international interactions since China's accession into the WTO, focusing on the exponentially increasing security risks in face of Chinese citizens abroad. Based on exclusive data collection, the authors have summarized and sorted out such security risks and made a combined macro and micro study of the risks by adopting the methods of materialist dialectics, system analysis, statistical analysis and case studies, with the intention of exploring the features, causative factors and laws governing such security risks, putting forward targeted and operational suggestions on risk management, and upgrading the security protection of Chinese citizens abroad.

This study falls into the following steps: Firstly, to briefly retrospect the upsurge of Chinese citizen activities abroad over the past decade. Secondly, to sort out statistically security risks faced by Chinese Citizens abroad into four categories of natural ones, social ones, commercial ones and political ones and in more than ten kinds such as terrorist attack, kidnap, robbery, hostage taking, rape and traffic accident. Thirdly, to make a comparative analysis of risk distributions among regions and countries. Fourthly, to put Chinese Citizens abroad into four groups of state-owned enterprise employees, private enterprise employees, tourists and students, to study the consequential order, features, causative factors of risks in face of each group and to horizontally compare the incidence of same risks between the groups in order to study the laws governing such risks. And finally, to summarize China's effective methods accumulated over the past decade, to take reference of the experience of the developed countries such as the United States, the United Kingdoms and Japan, and to make the management of security risks in face of Chinese citizens abroad a systematic process, analyzing therein the roles and functions of government, enterprise, media, market and individual citizen.

The conclusions of this study go as follows: Firstly, the exponential increase of security risks faced by Chinese Citizens abroad is the outcome of the expansion of Chinese Citizens activities worldwide with marked scale effects. Secondly, such increase is characterized by certain phase sensitive features, such as sudden increase in overseas activities of Chinese citizens, corresponding institutions and mechanisms lagging far behind, and inefficient and weak prevention and protection against security risks as a result. It is worth noting that with timely measures taken by the Party, the government and related quarters, the tendency of vicious increase of such risks is put under control. With the increased security awareness of various groups of Chinese citizens, improved institutions and mechanisms of the government, and positive involvement of society and market, the security protection of Chinese citizens abroad will take a new look. And lastly, the security protection of Chinese citizens abroad is a project of system engineering. As Chinese government, foreign-related enterprises, the media, security providers in the market and individual Chinese citizens abroad all have indispensable role and function to play, they should each do their bits and coordinate their efforts to produce systematic and integrated effects.

前　言

自盘古开天地以来，华夏民族虽经数千年繁衍、枝繁叶茂、遍布全球，但由于种种原因仍主要聚居于亚洲大陆。

究其主因，首先是自然地理条件。由于主要生长于亚热带的亚洲大陆，农业经济成为经济主体，农业社会是其主要社会形态，农耕文明为其主要文明特征，生产力水平低下，使得华夏民族缺少对外开疆拓土的强大经济基础。同时，在农耕文明基础上形成的中国人的文化观念、伦理道德自然具有向心型、包容性的文化特征，而不是像海洋民族与游牧民族那样的外向型与扩张型。因而才出现中国人“故土难离”、“月是故乡明”、“父母在不远游”、“叶落归根”等道德理念，中国是“中央帝国”、“万邦来朝”、“威伏四夷”等政治观念。中国的政治制度也自然以对内维护稳定、维护皇权的统治，对外追求和谐、维持周边和平为主要目的。因而历史上才多次出现禁止民众走出国门的“海禁”、陆上边疆地区人口的“内迁”。

俱往昔，无论是“强汉”时代的汉武大帝“凿通西域”、远击匈奴；还是“盛唐”时代的英武太宗西灭回纥、一统西域；亦或是“大明朝”永乐大帝遣“三宝太监”七下西洋、远抵非洲，仅为宣示富庶，而非开疆拓土、殖民异域；还是“大清国”康乾盛世西平准噶尔、东收台湾、北击沙俄、南定金川。2000 多年的中华帝国的君王们的每一次对外征伐，都没有像俄罗斯男女沙皇们的每一次对外扩张那样，带来的是海外的殖民与版图的扩大。中华帝国历经2000余年，至今仍基本保持着原有大小的版图、不变的文字、相同的语言、共同的伦理道德，特别是一脉相承的制度文明。这一切都昭示着华夏帝国历史上从来都没有真正地走向世界，实现“国际化”！

人类社会进入21世纪，跨入了前所未有的“文明突进”的信息化时代，这使得我们今天的地球成为了真正意义上的“地球村”。

航运交通技术的进步、互联网通信产业的发展、生命医学的迈进、全球金融服务体系的完善等等，世界各族人民真正地生活在一个大家庭当中，经济全球化、文明交融化、政治趋同化已经成为当今世界的主要特征。

正是在这种世界历史进程的转折关头，中华民族于20世纪70年代末，开启了“改革开放”、走向世界的伟大征程！特别是中国加入WTO以来，中华民族在经济、政治、文化各领域，在深度、广度、密度各方面都积极地融入国际社会。中国已成为资本净输出国，中国企业大踏步走向世界，越来越多的中国公民跨出国门，求学、经商、旅游观光、移民他乡。30多年前，中国公民年出境总数才20万人次，而到2014年，据不完全统计，这一数字已超过1亿人次；截至2014年底，我国累计非金融类对外直接投资已达6600亿美元；中国海外侨民已近5000万人。

特别是“十八大”以来，中央开启“走出去”战略，尤其是“一带一路”战略的提出与部署，标志着中华民族朝“国际化”又迈出了崭新的一步。

今天改革开放的历程，就是“国际化”和“现代化”的历程，就是中国人走出国门融入世界的历程，就是延续2000余年“大一统”的中华帝国在政治、经济、文化、科技、民族现代化、国际化的历程。尽管这种“国际化”、“现代化”是具有中国特色的，并不是完全放弃自我，但究其根本，是我们学习发达国家的先进之处，全方位地融入国际社会。

伴随着我们大踏步地走出国门的脚步，中国人走向海外面临的风险纷沓而来。至2014年底，中国现有海外投资6600亿美元中的1/3基本是失败的；中国企业遭遇东道国政府违约、官员索贿刁难、延迟支付、种族歧视、司法迫害、极端组织破坏、战乱损失、与当地人冲突等司法、暴恐、战乱、政策变更、政权更迭等风险层出不穷；中国公民个人发生海外安全事件5万余起，遭遇绑架、勒索、暴力袭击、抢劫、性侵、暴恐伤亡、种族伤害、交通意外、诈骗、盗窃等各类风险直线上升。

造成中国公民海外安全风险激增的原因多种多样。首先是进入21世纪，国际社会安全环境日趋复杂，国际安全形势连年恶化，地区冲突、宗教纠纷、疫病流行、经济危机、暴恐事件层出不穷。中国资本、企业与中国人在短时间内大规模涌出国门，打破了旧有国际舞台上的多种格局，使得国际社会不确定因素陡然增加。同时，由于中国人大多缺乏海外风险安全意识与知识，中国企业走向海外前，也大多不做海外安全风险调查与评估，缺乏海外安全意识与风险的管控能力，因而造成众多财产损失与员工伤害，甚至导致无数的惨剧发生。而西方发达国家的人们则有着绵延数百年、“驰骋”五大洲的大规模的海外拓展史，因而形成了成熟的防范海外风险的文化与制度。

面对如此现状，习近平主席主政伊始，就提出建设“海外民生工程”大计。这对提升国人海外安全意识，普及海外安全知识与技能，完善海外利益保护机制，有着深远的战略意义与现实意义。

当今发达国家海外企业与公民安全保护机制有效、完善，政府、军队、民间安保公司与非政府组织等社会力量相互协调、彼此配合。而我国在海外企业与公民利益保护上，疲于应对，顾此失彼。海外风险发生时，民营企业与个人基本上只能依靠自身力量应对；国企尽管可依靠的政府资源相对多些，但也仅是领事服务一项比较常见。由于各种现实条件限制，我国军事力量发挥作用尚很有限，而民间安保公司与非政府组织“小荷才露尖尖角”，难堪大任。我国公民海外人身财产安全保护机制建设还任重道远。

“国家兴亡，匹夫有责”！顶针安全公司应时而生，其创业者们以保障中国公民与企业海外安全利益为使命，以专业、保密、团结、忠诚、爱国为核心价值观，致力于为保障中国公民境外安全利益略尽绵薄之力。公司专家团队历时一年有余，撰写了《中国公民境外安全报告（2015）》。该报告对过去十年中国企业与个人海外遭遇的各种安全问题的原因、特点、趋势，特别是应对的策略进行了深入研究，提出了高水平、专业、实用的对策建议。

抛砖引玉，与诸君共勉！

助海外华人远离风险，是顶针人最大的心愿！

顶针安全公司董事长　刘鹏辉博士

2015 年 7 月 20 日　于北京

目　录

一

中国公民大踏步跨出国门，拥抱世界

导　读

（一）中国公民在境外总览

改革开放前30年，中国公民出境总人数才不过20万。2003年中国公民出境人数达到2020万，比改革开放前30年总数增加100倍。据国家权威统计，2013年公民出境近亿人次，2014年突破1亿大关，境外消费1万亿人民币。

（二）中国企业员工在境外

伴随着中国企业走出去，境外中资企业员工构成境外中国公民的重要群体。据国家权威统计，2013年我国境外中国籍国企员工达100万；2006—2013年累计滞留境外中国籍国企员工达425.63万。

（三）中国留学生在境外

留学生是境外中国公民第二大群体。21世纪以来，中国出国留学人数大体上呈现逐年递增态势。“9·11”事件后和最近几年，出国留学人数增速减缓。2013 年，出国留学人数超过 40 万。

（四）中国游客在境外

中国公民出境游是中国公民境外活动的又一重要内容。近十年，中国公民出境游也呈递增态势，2013 年超过 3000 万人次。旅游目的地从最初的美、日和周边扩展到欧、加、澳、新等发达国家及非洲与拉美地区。

（五）未来中国公民在境外

展望未来 5—10 年，寄希望于中国产业结构调整与增长方式转变，人民币大致保持动态稳定与少许升值，中国公民将在更大规模、更高层次上拥抱世界。

20 世纪 80 年代的改革开放，启动了中国融入世界的伟大历史进程。

中国加入世界贸易组织十多年来，中外互动在广度、频度和深度上均达到近代以来前所未有的水平。

伴随着“中国制造”日益遍及全球，中国企业大踏步走向世界，中国逐步成为资本净输出国，越来越多的中国公民跨出国门，求学、经商、旅游观光……

（一）中国公民在境外总览

一个国家的公民在境外的活动规模与内容，直接反映着该国的整体发展程度、实力地位及对外关系水平。

伴随着中国改革开放与和平发展的伟大历史进程，中国公民境外活动在广度、深度与规模上的迅猛拓展不仅在中国历史上前所未有，在世界历史上也是惊世骇俗的。

据国家相关机构披露，从新中国成立到 1978 年，中国公民出境总共才 20 万人次左右。改革开放特别是中国加入世贸组织后，中外经济关系跨上新台阶，2003 年，中国公民出境猛增至 2020 万人次，增长 100 倍。2013 年，中国公民境外活动 9819 万人次。最新数据显示，2014 年中国公民出境规模已超过 1 亿人次，境外消费 1 万亿元人民币。

展望未来，“十二・五”规划顺利实施，中国公民境外活动的规模、广度和深度还将跨越新台阶。按当下年均增长 1000 万的保守速度估算，未来 5—10 年，中国公民境外活动将达到 2 亿人次。

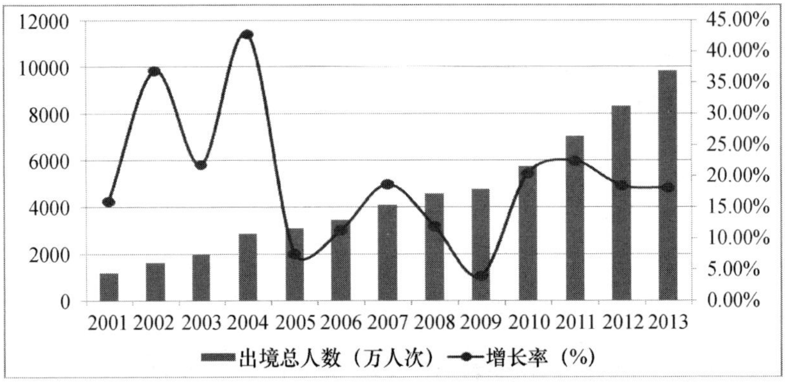

图 1　2001—2013 年中国公民出境总人数

资料来源：《中国旅游业统计公报》，见国家旅游局网站。

（二）中国企业员工在境外

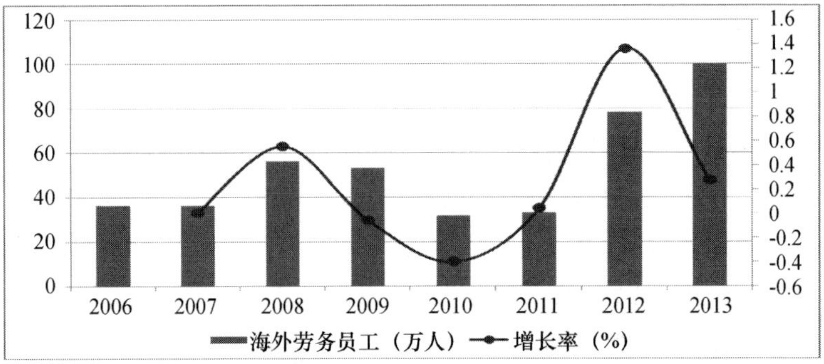

图 2　2006—2013 年境外中国企业员工人数

资料来源：《中国对外直接投资统计公报》，见国家商务部网站。

中国企业员工在境外属于中国企业“走出去”的范畴。改革开放前，中外经济关系规模有限。改革开放的前 20 年，中外经济关系主要表现为双向贸易和外资单向投资中国。中国加入世贸组织后，中国企业特别是大型国企启动“走出去”战略，国企员工境外活动范围与规模也水涨船高。

最初，中国企业“走出去”的主要路径是海外并购。2002 年，中国企业并购只有区区 2 亿美元，2003 年达到 8.34 亿美元。自 2004 年起，海外收购迅猛增长，当年境内企业海外并购就达 70 亿美元，仅联想收购 IBM 的 PC 业务即达 17.5 亿美元。2004—2010 年间，我国企业境外并购交易额的年复合增长率达到 24.9%，单项并购交易的金额也逐年递增，甚至出现单笔并购金额达上百亿美元的案例。并购目的从初期拓展海外市场、获取资源逐步转向获取技术、收购品牌、整合国内外资源和推动国内产业升级。

2010 年，国内经济增长强劲，全球经济逐步恢复，中国企业境外并购呈快速增长态势。中国境内投资者共对全球 129 个国家和地区的 3125 家境外企业进行直接投资，累计实现非金融类对外直接投资 590 亿美元。

2011 年仅上半年，中国境内投资者对全球 117 个国家和地区的 2169 家境外企业直接投资，累计实现非金融类对外直接投资 239 亿美元，同比增长 34%。

2012 年，在全球外国直接投资流出流量较上年下降 17% 的背景下，中国对外直接投资创下流量 878 亿美元的历史新高，同比增长 17.6%，首次成为世界三大对外投资国之一。

2013 年上半年，中国境内投资者共对全球 144 个国家和地区的 2912 家境外企业进行直接投资，累计实现非金融类直接投资 456 亿美元，同比增长 29%。2013 年全年，我国境内投资者共对全球 156 个国家和地区的 5090 家境外企业进行直接投资，共计实现非金融类直接投资 901.7 亿美元，同比增长 16.8%。截至 2013 年底，我国非金融类对外直接投资累计实现 5257 亿美元。

据商务部统计数据，2014 年中国对外直接投资额达 1029 亿美元，首次突破千亿美元，同比增长 14.1%，继续保持世界第三位。全年中国实际使用外资金额 1195.6 亿美元，同比增长 1.7%。中国对外投资额和吸收外资额相差仅 160 多亿美元，离成为净对外投资国已为期不远。

据有关方面不完全统计，2013 年，中国有国企 1.3 万家，企业员工 1000 万人。其中境外有 200 万，包括派出员工 100 万和聘用当地员工 100 万。据国家权威机构统计，2006 –2013 年境外中国籍企业员工累计 425.63 万。

在国企大踏步“走出去”的同时，民间资本也竞相走出国门，掀起全球“淘金热”，民企员工由此成为中国公民境外活动的重要力量。

中国企业员工的境外活动，主要分布在非洲、中东、中亚、拉美等资源富集地和周边邻近地区。

中国人热烈拥抱世界的一个重要侧面是大量农民工出国“打洋工”。江苏、山东与河南三个人口大省，同时也是劳务输出大省。据河南商务厅统计，仅 2011 年 1—11 月，河南就派遣出境劳务人员 6.5 万人，对外承包工程和劳务合作完成营业额达到 28.53 亿美元，新签合同额 27.35 亿美元。

（三）中国留学生在境外

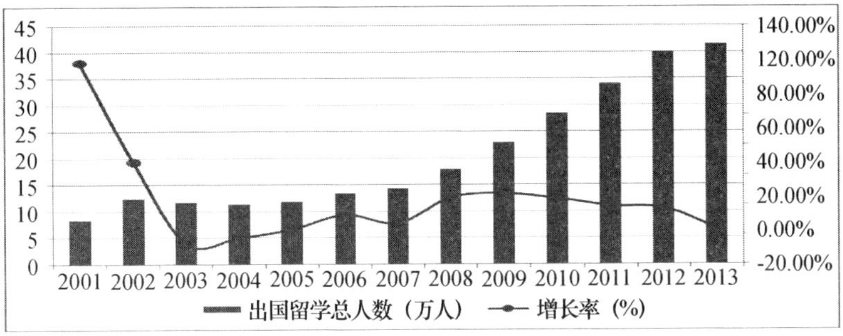

图3　2001—2013 年中国出国留学总人数

资料来源：教育部统计数据，见教育部网站。

中国留学生是中国公民境外活动的又一个重要群体，总体也呈逐年递增的态势。主要分布在欧盟诸国、美国、加拿大、澳大利亚、新西兰、日本、韩国、俄罗斯和新加坡等教育相对发达的国家。

纵向看，改革开放30多年来，中国留学生出境求学大致分前半期和后半期两个阶段。前半期，绝大多数中国居民收入偏低，中国留学生多依靠境外大学和研究机构赞助，数量有限，自费生极少。进入21世纪，随着中国经济持续快速增长，人均收入明显提高，不仅那些最早下海搏击而富裕起来的中国人有意愿也有能力投资教育，越来越倾向为子女选择高质量教育的机会，而且那些较发达地区的工薪阶层和富裕农民也宁愿勒紧腰带，为子女提供境外教育的机会，自费留学人数急剧增长，很快成为中国留学生群体的绝对主力。

（四）中国游客在境外

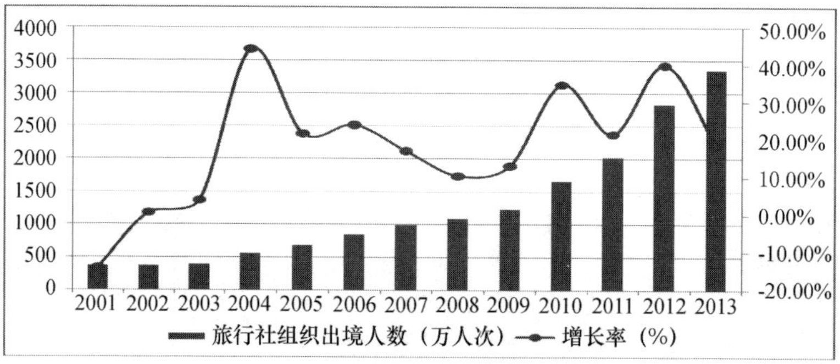

图 4　2001—2013 年中国旅行社组织出境人数

资料来源：《中国旅游业统计公报》，见国家旅游局网站。

旅游是中国公民境外活动的最大群体，也是外国人观察理解逐渐富裕起来的中国人的最直接窗口。当巴黎街头那些衣衫褴褛的流浪汉目睹中国游客提着大包小包、交头接耳、嘻嘻哈哈满街逛，特别是高档店铺那些收入微薄的店员眼看中国游客不是精心挑选一两个而是成批购买名表、名包的时候，他们眼里无不充满惊愕，自然也少不了羡慕嫉妒。从各国媒体报道渲染的程度看，20 世纪 80 年代的日本人也未必能与今天的中国人相比。

在中国公民出境游早期，目的地多集中在东南亚、韩国、日本等周边国家，后逐渐扩展到美国、欧洲、加拿大、澳大利亚等发达国家。再后来，中国人的足迹逐渐从亚洲扩展到非洲和拉丁美洲，从北半球扩展到南半球，从西欧扩展到东欧和北欧，从东亚扩展到西亚和中亚，从历史古迹扩展到大自然风光……

巴西举办2014年第20届世界杯期间，巴西珠宝商明确表示，“中国球迷购物出手阔绰，全指望他们赚钱了。”

（五）未来中国公民在境外

当下，随着中国产业结构调整与增长方式转变渐有成效，中国经济已坚定地跨入崭新发展阶段，经济增长呈现某种“新常态”。展望未来，如果说按购买力平价计算中国GDP业已接近甚至超过美国多少有些夸张，那么中国经济在“新常态”下再持续增长5—10年，到那个时候，即使按美元汇率计算，中国经济规模实质性接近或超过美国大概也还是有可能的，更不用说按购买力平价计算了。相应地，随着中国经济社会稳步发展，中国经济总量与在世界占比不断增长，中国人民的收入将续有提高，人民币币值也将缓慢波动但总体处在升值轨道中，中国资本、技术、产品、服务、人员的“走出去”步伐无疑将全面升级提速，中国人民将在更高层次上发展。

二

中国公民境外安全风险井喷，惊世骇俗

导　读

（一）形势总览

中国人境外安全风险自古有之。进入21世纪，中国公民境外安全风险急剧增加，2013年中国领事保护机构处理的风险事故达4万多起。

（二）风险分类

中国公民境外安全风险涉自然风险、社会风险、商业风险和政治风险四大类。其中，暴恐和绑架等“极端风险”发生概率较小，但危害很大。

（三）地域分布

暴恐、绑架等“极端风险”多发地是中国周边国家和非洲地区，盗抢、强暴和交通事故多发于美欧和中国周边国家，扣押多发于中国周边国家。

（四）态势分析

2004年以来，经官民各方努力，中国公民境外安全风险恶性增长的势头得到某种程度的遏制，但风险概率仍居高不下。

（五）成因评述

人数多，基数大，风险有规模效应；中外依存度高，摩擦系数大；中国资本“走出去”多涉高危地区；安保观念、体制、机制和市场滞后。

（六）前景预测

中国经济规模续有增大，中国公民出境有增无减，中国公民境外安全风险短期内恐难根本改观。

（一）形势总览

月有阴晴圆缺，人有旦夕祸福，硬币总有两面。中国公民热烈拥抱世界所带来的也不全是福音。毕竟，有交往就有矛盾、有摩擦。交往过程中既有收益，自然也有风险。

改革开放特别是近十年来，中国公民境外安全特别是人身安全事故急剧增多，风险系数骤增，这是中华民族融入世界谋求伟大复兴必须经历的阵痛。

严格说来，中国历史悠久，中外联系经久不衰，中国人境外安全风险古已有之。单说近代，就有1602年西班牙人在菲律宾大仑山屠杀中国侨民2.4万多人。1639年，葡萄牙人在加拉巴再杀2万人。1740年，荷兰殖民者在巴达维亚（今雅加达）屠杀2万多名中国侨民，鲜血染红巴达维亚的一条溪水，史称“红溪惨案”。晚清时期，中国境内动乱不已，大量华工远涉重洋，先后赴美淘金和修建铁路，却遭遇排华集团极端歧视与疯狂迫害，1855—1876年间，仅旅美华工被谋杀案就多达262件。臭名昭著的排华法案直到1943年才被废除。

中华人民共和国成立，结束了中国人在自己家里遭遇外国人欺辱的历史，但站起来的中国人并未充分领略世界的风光异彩。改革开放前30年，东西方冷战，新中国遭遇美欧发达国家封锁排斥，中国公民出境规模极为有限。偶有中国公民在境外遭遇伤害，一般也得不到舆论的广泛关注。

中国公民境外安全真正成为“问题”，倍受关注，乃是改革开放后中外联系日益密切的结果。特别是进入21世纪后的十多年，中国公民境外安全事故出现井喷式增长，举世惊愕。根据外交学院夏莉萍教授的研究成果，2001 年 1 月 1 日到 2005 年 6 月 30 日，五年时间，中国公民在 86 个国家遭遇人身和财产安全风险事故 279 起，包括恐怖袭击、劳务纠纷、刑事犯罪、社会动乱、自然灾害、诈骗、违反当地法律或无意间卷入当地政治纠纷等。据中国外交部有关官员介绍，2013 年，经由领事保护部门接洽、救助和处理的中国公民境外安全风险事故有 4 万多起。仅 2014 年上半年，就有报道如下：

2014 年 3 月 8 日，MH370 航班失联，154 名中国公民下落不明。

2014 年 6 月 2 日，新华社“新华视点”报道，据不完全统计，“近两个月就发生中国公民境外安全风险事故 6 起”。

2014 年 7 月 6 日，南非最大城市约翰内斯堡与东南部夸祖鲁－纳塔尔省相继传来噩耗，两名山东籍和一名福建籍中国公民分别在两地遭劫遇害。当月 26 日晚间，在约翰内斯堡又发生武装抢劫案，一名华商遇害身亡。2015 年仅半年时间且仅南非一地，就有 11 名中国公民遭遇枪杀。

当下，中国公民境外安全风险依然如黑云压顶，舞动翻转……

（二）风险分类

综合各类新闻媒体报道，中国公民近年境外遭遇的具体安全风险有恐怖袭击、凶杀、绑架、扣留、诈骗、盗抢、车祸、灾害和劳务纠纷等十多种，大致可从属性范畴、危害程度、发生频度、地域分布和受害对象等不同角度加以分类。为方便统计分析和探索规律，本报告以范畴为主、风险属性和危害程度为辅的方法进行风险分类：

按范畴分类，中国公民境外安全风险有自然、社会、商业与政治风险四大类。

1. 自然风险

特指境外地震、海啸、重大疫情等自然现象，致中国公民人身和财产伤害。如，近十年来，就有印度洋、巴基斯坦、海地、新西兰、印尼中爪哇、日本福岛六大境外地震及海啸，使中国公民遭遇不同程度危害。

“印度洋海啸”

2004 年 12 月 26 日，印度洋发生 9.3 级特大地震和海啸，保守统计遇难和失踪人数超过 29 万。据中国驻泰使馆截至 2005 年 1 月 9 日统计，中国两岸三地 15 人（大陆 3 人，台湾地区 2 人，香港地区 6 人，4 名外籍香港居民）遇难，24 人（含 6 名外籍香港居民）受伤，36 人（大陆 4 人，香港地区 32 人）失踪。

“中爪哇大地震”

2006 年 5 月 27 日，印尼中爪哇发生大地震，至少 10 名华人遇难。

“海地地震”

2010 年 1 月 12 日，海地发生里氏 7.0 级地震，震中离海地首都太子港 15 公里。截至 2010 年 1 月 26 日，世界卫生组织确认，此次海地地震已造成 22.25 万人死亡，19.6 万人受伤，8 名中国维和人员遇难。

“新西兰大地震”

2011年2月22日，新西兰最大城市克赖斯特彻奇发生里氏6.3级地震，148人遇难，23名中国公民失踪，失踪者多为就读于当地一家语言学校的中国留学生。

2. 社会风险

特指当地发展水平低下，或贫富差距悬殊，或周期性经济衰退，引发对中国公民的绑架、抢劫、强奸、枪杀等刑事犯罪，还有交通肇事、非法移民和贩毒等有组织犯罪。如，据有关方面不完全统计，2004—2007年间，中国公民在非洲遭遇安全风险事故75起，政局动荡、劳务纠纷和其他分别是5件（6.7%）、8件（10.7%）和7件（9.3%），刑事犯罪和恐怖袭击伤害多达55起，占比73.3%。当地社会问题引发暴力并殃及中国公民的案件很多，香港游客在菲律宾遭遇暴徒劫杀就是其中典型。

“香港游客菲律宾遭劫杀”

2010年8月23日，一辆有21名香港游客乘坐的旅游车在菲律宾马尼拉市中心基里诺大看台附近被菲律宾前警察劫持，经过谈判，6名香港游客于中午前获释。当晚7时40分左右，菲警方实施突击解救行动，9名香港游客死亡，6人受伤。事件起因是当选过菲律宾“十大杰出警察”的高级巡警罗兰多·门多萨在临近退休前遭人诬陷勒索，被警局解雇，丧失退休福利，声誉扫地，被迫铤而走险。此案在中菲特别是港菲关系和民众心理上都留下了抹不去的阴影。

3. 商业风险

特指在经商过程中卷入利益纠纷，引发报复、泄愤等犯罪活动。如，中国企业竞争力强，令当地企业不堪重压，或中资企业忽视履行促进当地经济发展和就业等社会责任，特别容易引发当地居民不满。

“西班牙火烧中国鞋”

2004 年 9 月 16 日晚 7 点多，西班牙东南部城市埃尔切 500 多人暴力示威，抢劫中国侨民一卡车皮鞋，焚烧两位中国侨民开设的鞋子仓库销售店。仅陈姓鞋店老板开设的近 1000 平方米的鞋库遭到焚烧，造成的直接经济损失就达 100 多万欧元（当时汇率为 1 欧元约合 10 元人民币）。据分析，此事祸起商业竞争。西班牙制鞋工业发达，曾世界闻名。埃尔切距离首都马德里大约 420 公里，人口约 20 万，乃西班牙也是欧洲最著名的鞋城，有“欧洲第一鞋城”之称。20 世纪 60 年代，美国商人曾利用西班牙廉价劳动力优势，投资并主导埃尔切鞋类生产与贸易。随着西班牙经济迅速发展，劳动力成本上升，部分外企将制鞋业外迁到葡萄牙等劳动力更便宜的国家。随着中国经济迅猛发展，生活在西班牙的华侨华人大量从中国进口便宜的中国鞋类产品，并在埃尔切开设制鞋工厂和仓储式批发零售商店。中国鞋凭借物美价廉的优势迅速打开并占领埃尔切鞋城市场。埃尔切中国鞋商店从过去几家发展到 30 多家。据悉，西班牙企业生产一双旅游鞋最低成本 20 欧元，中国人生产同样一双旅游鞋的成本价仅为 3—4 欧元。伴随着中西贸易额从 2001 年的 30 亿美元快速增长到 2003 年的 52 亿美元，2003 年西班牙从中国进口鞋子 6190 万双，占西班牙鞋类进口总额的 47%。在埃尔切，2002 年有 12 个西班牙鞋厂破产，2003 年增加到 14 个，2004 年头 7 个月猛增到 26 个，1000 多名工人失业。西属企业与华商竞争失利，失业群体积怨蔓延，华商遂成矛盾焦点。

4. 政治风险

特指当地政局或国家间关系紧张，导致中国公民人身与财产遭遇伤害。巴基斯坦动荡，苏丹、利比亚和叙利亚内战，泰国动乱等国内政局变动，中国公民遭遇安全风险多属池鱼之殃。

“巴基斯坦动荡”

2004—2007 年，中国在巴工程项目的中方工人遭遇多次爆炸和袭击，造成近 10 人遇难，多人受伤。据分析，这些事故几乎毫无例外是受当地矛盾冲突波及，而不是明确针对中国人。

“利比亚战争”

2011 年 2 月 17 日，利比亚爆发大面积骚乱，随后引发对外籍企业的打砸抢烧和武装冲突，中国籍员工的财产安全和人身安全都受到严重威胁。所幸，在党中央、国务院坚强领导下，经国内各部门、军队、驻外使领馆、地方政府和中资企业的共同努力，截至北京时间 2011 年 3 月 2 日 23 时，将在利比亚有意回国的中国公民共计 35860 人全部撤出，未有人身伤害事件发生。但是，投资利比亚的各类中资企业却蒙受经济损失。据有关知情人士称，其高达 188 亿多美元。

除按范畴划分外，我们还可按危害程度和发生概率来对上述四大类所涉诸多安全风险概括分类。

其中，危害程度最大者当属导致人身死伤的“极端风险”，依次如：恐怖袭击、凶杀、交通事故、绑架、奸杀、自然灾害等。这些风险发生概率比较小，危害却特别大，公众舆论关注度高，容易被媒体跟踪覆盖。其中，枪杀和绑架较为频发且影响巨大。据我们整理统计，2004—2014 年，媒体公开披露的中国公民境外遭遇各类恐怖暴力袭击至少 265 起，伤亡 1022 人（死 619 人，伤 403 人），遭遇绑架案至少有 63 起，涉及 325 人。

相比之下，盗抢、诈骗、劳务纠纷等发生概率反而更大，但危害却相对小，公众舆论关注度也低，媒体偶有披露，但占实际发生案件的比重却微乎其微，很难做统计分析依据。

这就形成一种特别有趣的现象，按危害程度划分的风险与按发生概率划分的风险大致呈相向变化的光谱图景。一般情况下，风险危害大，概率反而小，新闻卖点好，统计较准确；反之，风险概率大，直接危害小，新闻卖点差，见惯不怪了，数据收集统计反而难。

（三）地域分布

中国公民境外安全风险遍及全球，但各地区自然环境、经济社会发展水平不同，中国公民遭遇的安全风险也不尽相同。

据初步统计分析，像恐怖袭击、绑架、凶杀、强奸等血腥事件及诈骗、劳务纠纷等，多发生在非洲、西亚、中亚、南亚和东南亚等不发达、高风险、资源富集地区。

1. **暴恐伤害要案情况**

多发地排名前 20 国伤亡 859 人，占总数的 84%，其他 41 国伤亡 163 人，占总数的 16%。案发地高度集中。参见图 5：

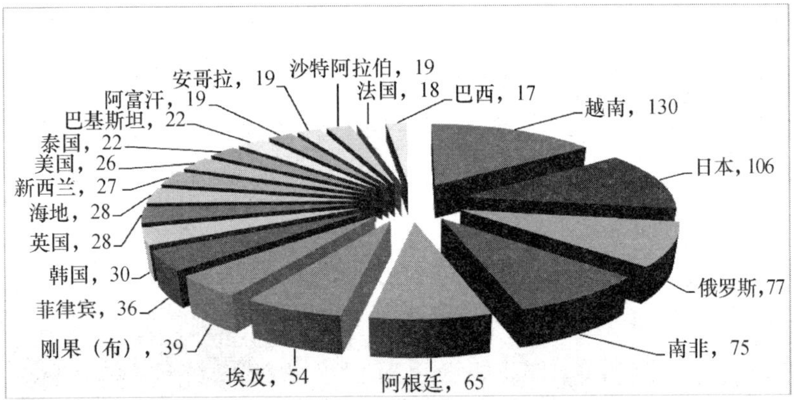

图 5　中国公民境外遇袭前 20 国分布及人数（2004—2014）

从暴恐伤害案地区分布看，多发地首推周边国家和地区，占 46%，然后依次是西亚非洲、拉丁美洲、北美大洋洲和欧洲。参见图 6：

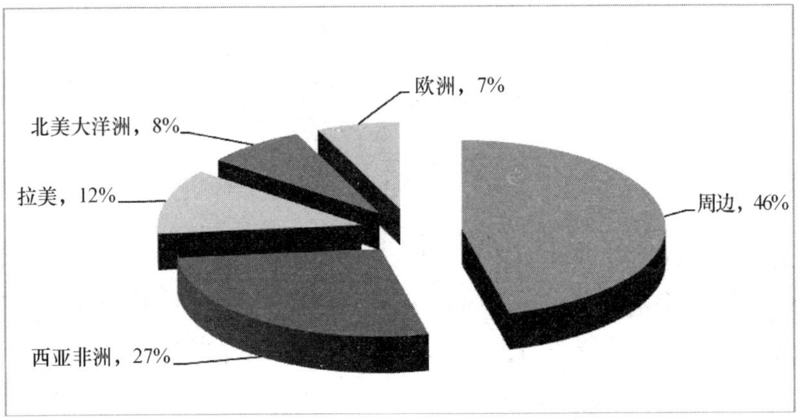

图 6　中国公民境外遇袭伤亡地区分布（2004—2014）

其中，2011 年 10 月 5 日发生的“湄公河惨案”极具典型性，引起国内外媒体高度关注。

“湄公河惨案”

此案是中国人在不发达地区遭遇特大人身安全危害的极端血腥案件之一。

2011 年 10 月 5 日上午，中国籍船舶“华平号”和缅甸籍船舶“玉兴 8 号”两艘商船在湄公河金三角水域遭遇暴徒袭击。“华平号”6 名中国船员和“玉兴 8 号”7 名中国船员全部遇难，其血腥与残忍，举世震惊。

2012 年 4 月 25 日，“湄公河惨案”主犯、长期盘踞金三角的缅甸籍毒枭糯康与其两名手下被老挝警方逮捕。应中国警方要求，老挝警方于 4 月 27 日将嫌犯移交中方审讯。在长达 10 个月的案件侦破过程中，200 多中国公安干警付出了艰苦卓绝的努力，经历了许多惊心动魄的考验，与老、缅、泰三国通力合作，最终成功地查明真相。2012 年 11 月 6 日，昆明市中级人民法院一审宣判糯康等 4 名案犯死刑。

综合分析，“湄公河惨案”的原因不外乎三方面：

首先，金三角地区属高风险地段。其地处老、缅、泰三国交界，长期被众多非法制毒贩毒集团武装盘踞，他们制毒、贩毒、绑架、杀人，无恶不作，且经常与不法军警勾结作案。贸然涉足此地，难免遭遇风险。

其次，中国公民深度卷入湄公河流域经济活动，引发与非法贩毒集团的利益冲突。随着中国与东盟大力推动并实施自贸区，中国与东南亚国家经贸关系发展迅速，湄公河航运日趋繁忙，但 90% 以上的船东和船员是中国公民。中国公民在湄公河流域影响扩大，无形中触动糯康集团利益，引发后者嫉妒与仇视。惨案发生前，绝大多数中国船只船员都遭遇过拦截和劫持。从 2008 年到“湄公河惨案”发生，糯康集团针对中国船只和公民实施抢劫、枪击犯罪活动多达 28 起，造成 16 人死亡、3 人受伤。仅 2011 年 4 月 2 日和 3 日，糯康集团就劫持 3 艘中国船、1 艘老挝船和 10 多名船员，并成功勒索 2500 万泰铢（折合 500 余万人民币）。

最后，金三角地区老缅泰警力不足，缉毒压力巨大，经常随意征用中方船只，也引发贩毒集团怨恨。据专案组成员、公安部禁毒局副局长韩旭光介绍，糯康集团对中国公民痛下黑手，直接原因一是糯康集团怀疑“华平号”和“玉兴 8 号”贩毒，索要保护费反而遭到拒绝；二是报复中国船只被缅军征用来清剿糯康集团。

2. 绑架要案情况

绑架多发地与暴恐伤害案情况有相似性，都是相对落后动荡的高风险地区，且相当集中。排名前 10 位国家的案件涉及人数就有 269 人，约占 83%，其他 13 个国家的案件涉及人数 56 人，占比 17%，同样异常集中。参见图 7：

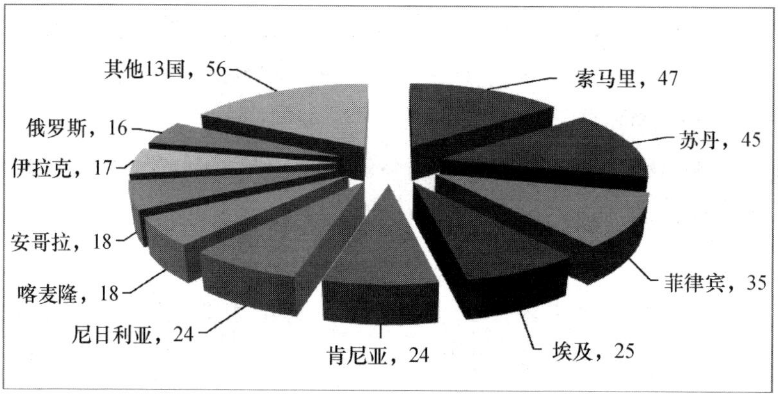

图 7　中国公民境外遭遇绑架人数国别分布（2004—2014）

绑架案的地区分布也清楚集中，首推非洲，其他依次是周边、西亚和拉美地区。参见图8：

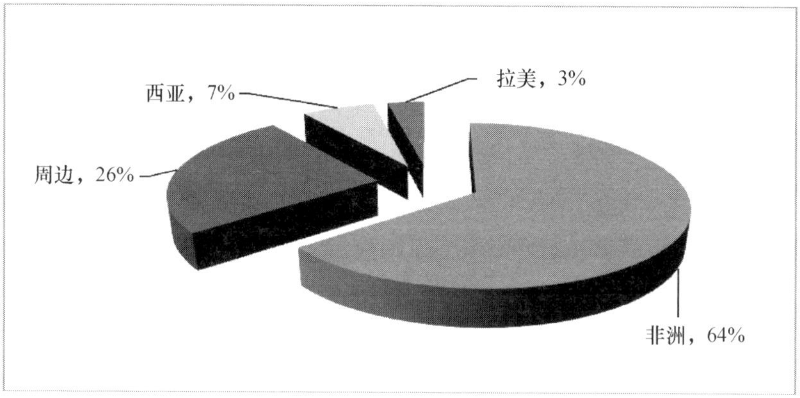

图8　中国公民境外遭遇绑架地区分布（2004—2014）

2004年10月9日发生的“巴基斯坦中国人质危机”，震惊世界。

“巴基斯坦中国人质危机”

2004年10月9日7时30分左右，中国水利水电建设集团公司巴基斯坦经理部的两名工程师王恩德和王鹏，乘坐吉普车经过高玛赞水坝施工工地附近路口时，被5名持枪分子劫持。随后，武装绑匪被巴边防部队包围在部落地区。虽经当地部落长老艰苦斡旋，但巴政府拒不接受绑匪允许他们离开部落并与其首领阿卜杜拉·马哈苏德会合的要求，双方6天交涉谈判未果。10月14日，巴军警发动解救人质行动，击毙5名绑匪，1名中国人质遭绑匪枪杀身亡。

中国工程师被绑架地点在巴基斯坦南瓦济里斯坦的部落地区。因历史与民族习性等因素，巴部落地区具有特殊复杂性。从 1947 年巴基斯坦脱离英国殖民统治独立起，巴联邦政府就一直遵守当地部落与殖民时期的英印政府签署的协议，不干涉部落地区内部事务。因此，部落地区宗教势力强大，俨然独立王国，极易藏污纳垢。阿富汗战争后，数百名与"基地"组织有牵连的武装分子藏匿在南瓦济里斯坦部落地区，形成"巴塔"。2004 年 3 月开始，巴基斯坦政府展开多次清剿行动，击毙和抓获 100 多名恐怖嫌疑分子，还要求藏匿在当地的"外国人"向政府登记以换取赦免。巴反恐高压迫使恐怖势力铤而走险。

实际上，此次中国人质危机前，中国工程人员在巴就已屡次遇袭。当年 5 月初，在巴基斯坦西南部中国援建的瓜达尔港建设工地，12 名中国监理工程师在部落地区乘车外出，遭到遥控汽车炸弹袭击，3 名中国工程师在爆炸中死亡，9 人受伤。

3. 强奸要案情况

中国公民境外遭遇强奸者，以女留学生居多，粗略统计共 23 人，占比 43%，案发地多在美欧日澳等发达国家。19 名中国女性公民被拐骗到非洲安哥拉，被迫从事卖淫活动并遭遇强奸，属特殊个案，似乎并不能反映趋势。

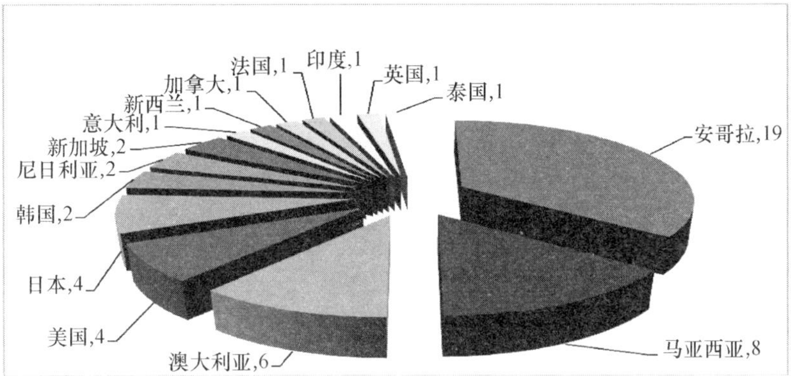

图 9　中国公民境外遭强奸案发分布图（2004—2014）

在中国公民境外遭遇强奸的人员分类占比中，留学生是受害重灾群体，具体参见图 10：

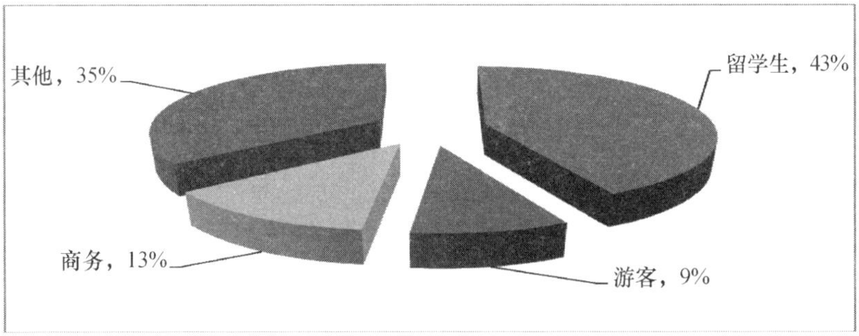

图 10　中国公民境外遭强奸人员分类（2004—2014）

4. 交通事故

交通事故案发分布也首推周边国家，其次是北美大洋洲。见图 11：

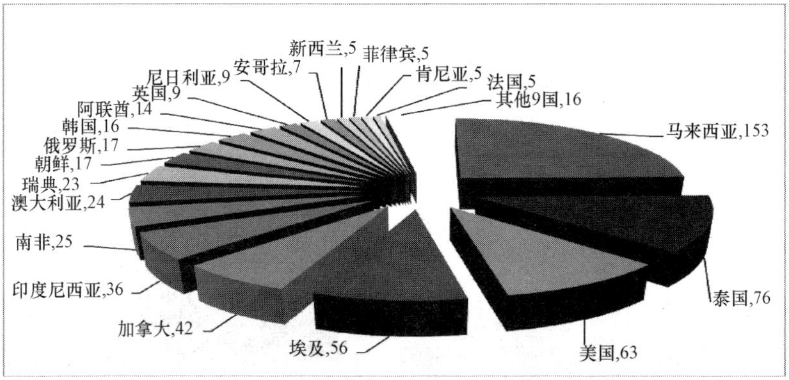

图 11　中国公民境外遭遇交通事故要案国别分布（2004—2014）

中国公民遭遇境外交通事故伤害的案发地，大致与中国公民出境观光旅游和商务旅行的轨迹相重合。

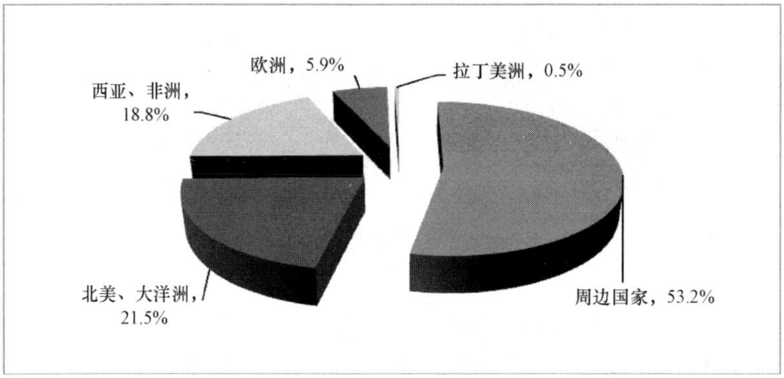

图 12　中国公民境外遭遇交通事故地区分布（2004—2014）

5. 遭遇扣押情况

中国公民境外遭遇扣押，情况比较复杂。有的是在正常经济或社会活动过程中，突遭所在国军警以莫须有罪名，强行制止和拘禁；有的旅行通关时因证件问题或违禁携带物品而遭遇扣押；有的涉嫌非法移民、非法滞留和非法开采；有的被卷入商业或法律纠纷；还有大量渔民涉嫌越界捕捞，等等。涉非法移民往往遭遇遣返，涉非法捕捞类扣押往往连带巨额罚款的财产损失，拒捕则易导致人身安全风险。

2004—2014 年，媒体披露中国公民境外遭遇扣押发生地有 29 个国家，案例 82 起，涉及中国公民 4389 人。韩国扣押中国公民最多，达 2373 人，占中国公民境外遭扣押比重是 54%。排名前 5 个国家合计占比 79%。见图 13：

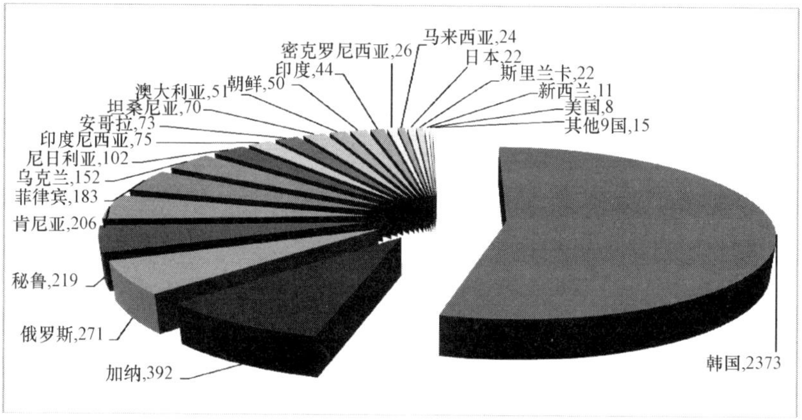

图 13　中国公民境外遭遇扣押案件国别分布（2004—2014）

从案发区域分布看，中国公民遭遇扣押绝大多数发生在周边，仅韩国、俄罗斯、菲律宾三国就扣押中国公民 3036 人，占比 69%。参见图 14：

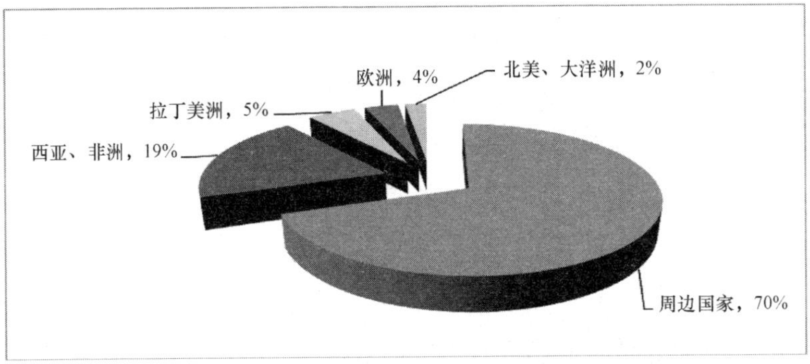

图 14　中国公民境外遭遇扣押案件地区分布（2004—2014）

从中国公民境外遭遇扣押涉事分类统计看，2013 年 9 月 13 日中国海航旅业控股集团有限公司旗下豪华邮轮“海娜号”被韩国法院扣押，涉及中国游客和船员 2309 人，系法律纠纷引发，当属偶发个案。其他几类则属多发案例。参见图 15：

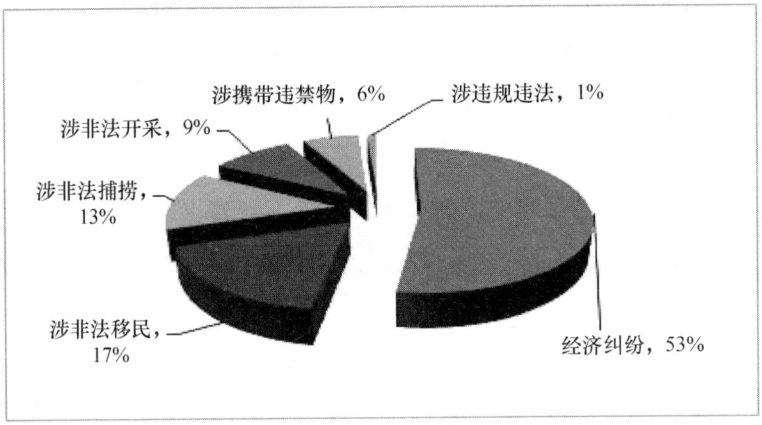

图 15　中国公民境外遭遇扣押分类占比（2004—2014）

6. **遭遇盗抢情况**

据不完全统计，10 年来，中国公民境外遭遇盗抢案的国家共有 45 个，案发 158 起，涉案 1407 人。

从中国公民遭遇的盗抢案数据看，阿根廷、比利时、美国、法国和南非为集中多发国家。参见图 16：

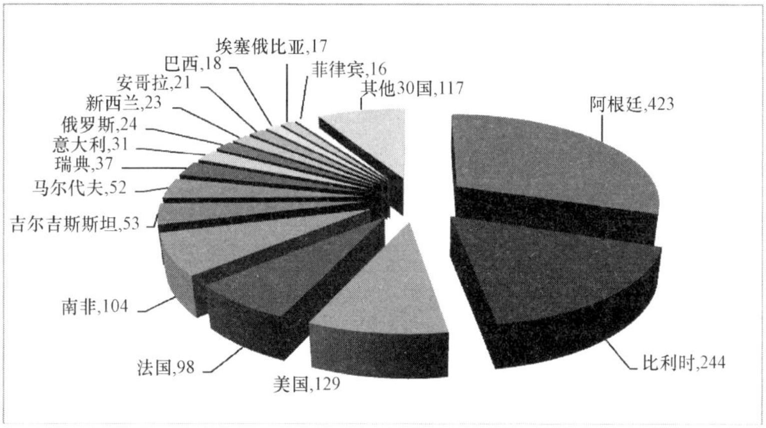

图 16　中国公民境外遭遇盗抢国别分布（2004—2014）

从中国公民遭遇盗抢案的地区分布看，依次为拉丁美洲、欧洲、西亚非洲、北美大洋洲、周边国家和地区。参见图 17：

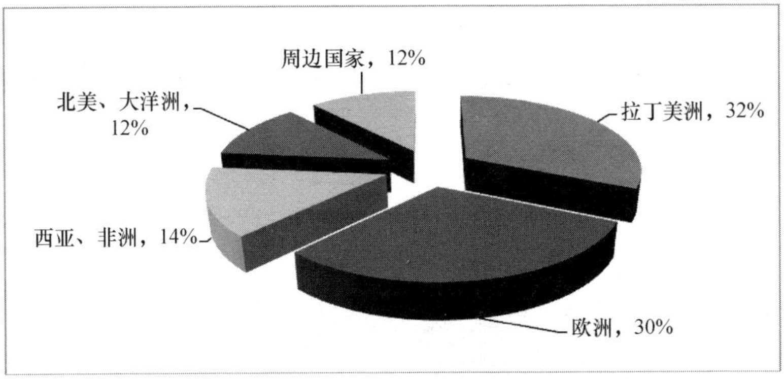

图 17　中国公民境外遭遇盗抢地区分布（2004—2014）

从受害人员分类看，民企员工和游客是两大受害群体。参见图 18：

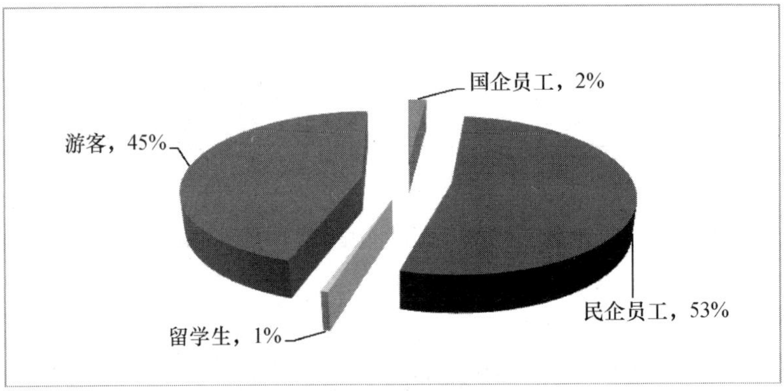

图 18　中国公民境外遭遇盗抢人员分类占比（2004—2014）

此外，欺诈和自然灾害风险，因统计数据较少，在地区分布方面不具备统计分析意义，尚难发现规律性现象。

对中国公民境外安全风险，除按范畴、地域、危害程度、发生概率分类外，还可按人员分类，包括境外中国员工、境外中国留学生和境外中国游客。不同人群在各地遭遇的风险种类、规律与特点也有很大差别。随后第三部分将加以分类详述。

（四）态势分析

最近十年，影响中国公民境外安全风险变动趋势的因素主要有两方面：一是中外关系的跨越式发展，中国公民走出国门拥抱世界的规模急剧增长；二是中国党和政府应对风险能力的提升。境外安全风险井喷式增长，引起中国党和政府各级领导，特别是中央和地方各职能部门、公司和专家及学者的高度关注，一系列旨在保障中国公民境外安全的体制、机制、政策和措施创新相继出台。准确评估这两大因素的影响，特别是评估体制机制与政策措施创新到底有没有、有多少作用，还是要从统计分析入手。

粗略统计数字显示，中国公民境外遭遇暴恐伤害的情况大致保持居高不下的状态。参见图 19：

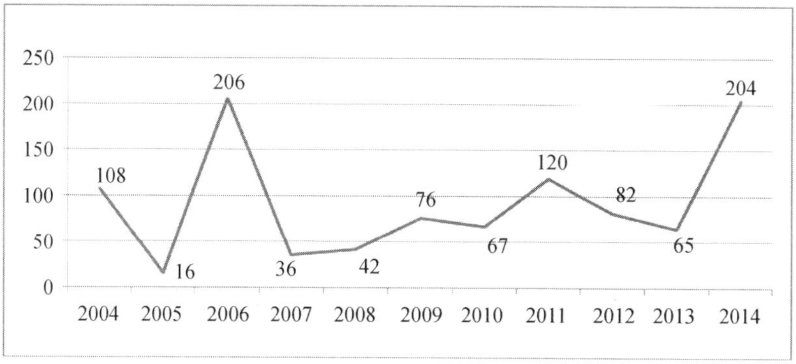

图 19　中国公民境外遭遇暴恐伤害人数变动趋势（2004—2014）

中国公民境外遭遇绑架的情况也大致保持居高不下的状态。参见图 20：

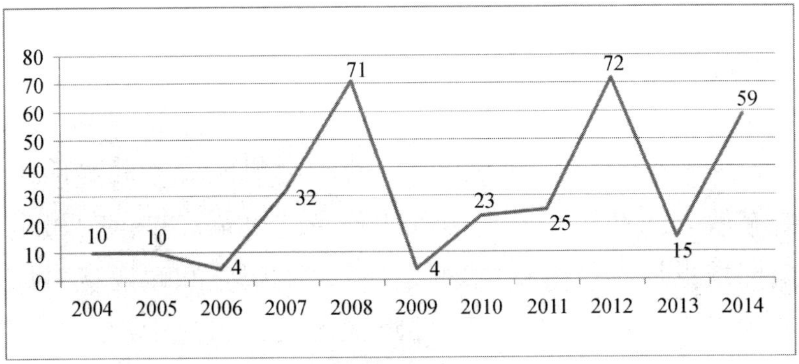

图 20　中国公民境外遭遇绑架人数变化趋势（2004—2014）

图 21 显示的是中国公民境外遭遇盗抢受害人数变化曲线，也在一定程度上反映出十年来中国公民境外安全状况。

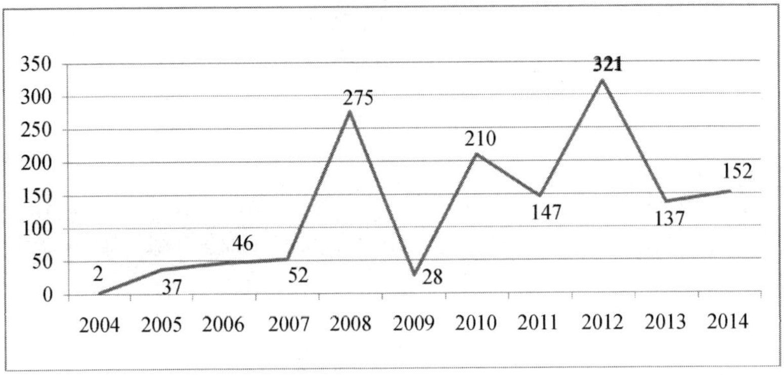

图 21　中国公民境外遭遇盗抢受害人数变化趋势（2004—2014）

交通事故导致的人员伤亡也能从一个侧面反映中国公民境外安全风险的变化趋势，参见图 22：

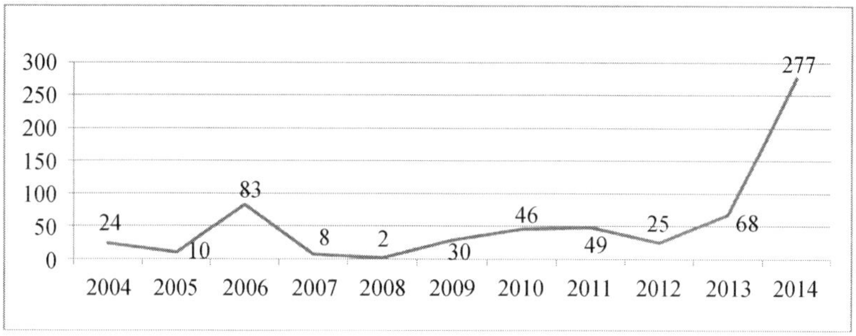

图 22　中国公民境外遭遇交通事故伤亡人数变化趋势（2004—2014）

中国公民境外遭遇强奸受害人数变化趋势，参见图 23：

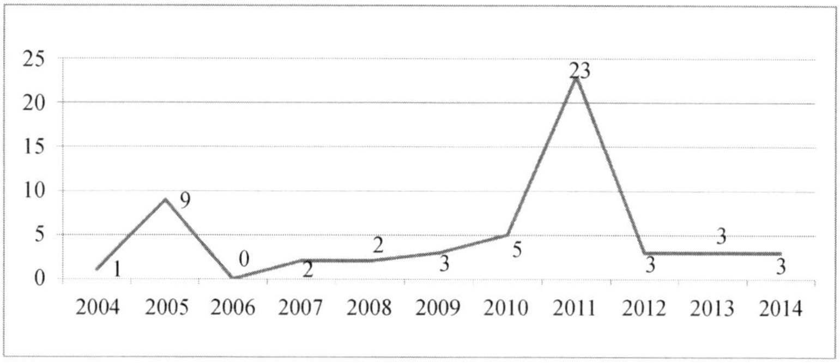

图 23　中国公民境外遭遇强奸人数变化趋势（2004—2014）

中国公民境外遭遇扣押人数的变化趋势，也反映了中国公民常见境外安全风险的动态情况。其中，2013 年遭遇扣押人数特别多，源于韩国扣押一艘中国游轮，当属个例。除此之外，其他年份数据应具参考意义。参见图 24：

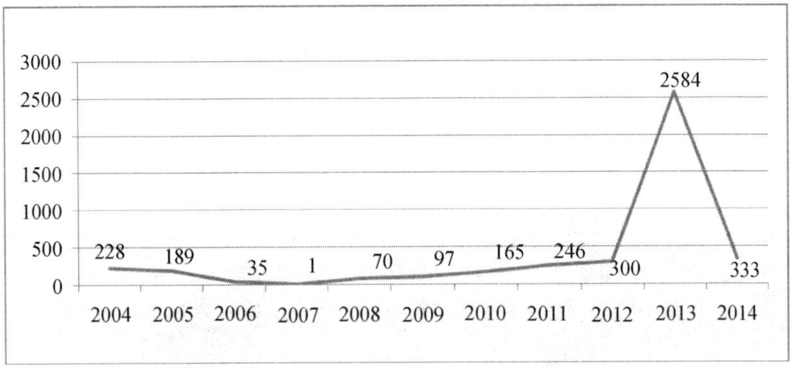

图 24　中国公民境外遭遇扣押受害人数变化趋势（2004—2014）

中国公民境外遭遇欺诈与自然灾害的情况因数据较少，故不赘述。

（五）成因评述

冰冻三尺，非一日之寒。经对各类典型案例做解剖分析、综合归纳，我们大致可发现，中国公民境外安全风险急剧上升，原因是多方面的。

从更宽广的范围和更长的过程看，相关因素有三。

一是市场经济全球化加速拓展，各国相互依赖程度加深，导致竞争、矛盾与摩擦系数上升。

二是国际战略力量对比东升西降、南升北降态势凸显，不同国家和各类国家内部生活相对水平变动幅度较大，包括国际制度、规则、理念与文化价值观在内的既有国际秩序遭遇冲击，引发各国民众不同程度的心理落差与失衡。

三是美国全球反恐与策动颜色革命，加剧地区冲突与局部动荡，安全风险系数骤升。

从中外双向互动态势看，有八大要素值得关注。

第一，中国出境人数多，基数大，安全风险具有规模效应，风险相关度提高。中国人足迹遍及全球，任何风险因素都可能涉及置身境外的中国公民。据不完全统计，截至2014年，包括国企、民企员工及个体商户，长年在非洲工作的就有100万。超过1亿人次的中国公民境外活动，意味着与世界各地各类风险的相关性大大上升。莫斯科地铁事故导致21人死亡，100多人受伤，其中就有1名中国公民遇难身亡。美国高速公路出车祸，中东某地有炸弹引爆，都令人担心是否或有多少中国公民涉险。

第二，中国经济持续发展，与外部世界相互依存加深，矛盾摩擦增多。一方面，中国经济发展对外部资源、技术、产品需求和对外资金输出增加，极大地促进了世界经济发展。如，截至2010年，中国进出口银行10年时间向非洲国家提供672亿美元的贷款，世界银行同期对非洲贷款却只有500亿美元，中国对非洲发展贷款已经超过世界银行。另一方面，中国经济也对外部市场形成竞争压力。尤其随着不平衡规律发挥作用，发达国家劳动成本上升，经济活力下降，竞争力相对弱化，人民实际收入和生活水平下降，引发“中国威胁论”滋生蔓延，中外认知与心理落差凸显，摩擦系数增加。如，日本、菲律宾和越南等本就与中国存在领土与海洋权益争端，面对中国加速崛起，这些国家的极端民族主义滋生蔓延，对华怨恨、排斥与厌恶心理浓厚，旅居这些国家的中国公民极易被当成出气筒。

第三，中国资本走出去初期多涉高危地区。中国是资源能源相对短缺的国家。从 2003 年开始，中国对外投资也不过 10 年时间。其间，获取能源资源是中国对外投资初期重点目标。那些安全稳定的能源资源富集地早被欧美发达国家的跨国公司控制垄断，中国企业后来却不能居上，只能冒险选择那些发达国家跨国公司不愿去的高风险国家和地区，中国公民特别是国企员工就较其他国家跨国公司员工面临大得多的安全风险。

第四，中国经济活动范围大幅向境外延伸，经营风险也随之外溢。如，中国远洋捕捞公司规模不断扩大。2010 年，中国水产总公司仅在非洲海域就派有 1000 名雇员。在印尼马鲁古省有个图阿尔岛，位于印尼首都雅加达东南 3000 公里，岛上住着 160 余名中国渔民。他们多数来自辽宁、四川和海南等地，依靠 12 只渔船，长年在遥远的海域从事捕捞作业，每次出海捕鱼都要 20 天左右，然后回到岛上的港口休整几天。由于不懂当地语言，他们的生活只能局限于港口和甲板。捕捞流动性大，时常被邻近国家渔政部门借口越界非法捕捞予以扣留。

第五，中国公民破天荒跨出国门，对外部世界了解有限，历史文化和语言差异根深蒂固，也妨碍沟通与相互理解。多数人出游限于走马观花，对目标国的社会历史、文化风俗缺乏基本了解，我行我素。多数中国公民外语能力有限，沟通有障碍，易生误解。有部分中国人故意炫富，自身素质又有缺陷，难免激起嫉妒，引发绑架和抢劫。有媒体报道，全球最奢侈酒店，六成房客是中国公民。在全球最贵的瑞士日内瓦威尔逊总统酒店，皇家套房日价格 6.5 万美元（44 万人民币），也专门配备为中国游客服务的讲汉语的前台人员。

据世界旅游组织统计，2012 年，中国公民就成为出国旅游消费最多的游客群，当年消费共计 1020 亿美元。巴黎旅游及会议促进局新任局长尼古拉·勒费弗尔于 2014 年 5 月 13 日表示，在巴黎大区接待的所有外国游客中，中国游客数量为 90 万人次，较之 2012 年增幅达 50%，增长数量排名第一。法国《费加罗报》惊呼中国游客既热爱出游又舍得花钱，拥有强大购买力。

据相关数据统计分析，目前中国游客出境游仍处在高速增长阶段。2014 年国庆长假期间，中国公民出境游已经超过外籍游客入境游。中国出境人数 2014 年预计增长 15% 左右，可达到 1.15 亿人次。

第六，国内刑事犯罪外溢。大量中国公民涌出国门，难免有不法分子混迹其中，将犯罪活动转向境外，在很多国家形成华人黑帮社团。据警方披露，阿根廷针对华人超市的抢劫与枪杀多源于华人黑帮索要保护费被拒。安哥拉针对当地华人的暴力犯罪也多是华人犯罪组织“江苏帮黄振兴、福清帮陈明俊等数个犯罪团伙”所为。也有四川、安徽和东北人打着“福清帮”旗号作案以增大威慑力。当地华人间有个流行说法：“不要让黑人搭车，更不要让中国人搭车。”2012 年，中国公安部与安哥拉警方合作，在该国成功捣毁 12 个华人犯罪团伙。

第七，公民境外安保意识及体制、机制、措施严重滞后。中国公民境外风险防范意识淡漠，企业的风险防范管控意识、体制、机制和措施不甚到位，政府外事部门领事保护体制机制内在风险预警、风险应对和善后等方面也不免滞后。

所有这些，共同形成了安保能力建设与安保需求增长严重不相适应的矛盾。

“湄公河惨案”遇难船舶“玉兴 8 号”船东郭志强悲愤地对记者说：“中国人出了国门就没了人权，生命权得不到保障，这是非常令人气愤的事。中国还需要再强大一些，才能不被欺负。”

第八，中国安保市场建设严重缺位。美、英等发达国家对外投资起步早、历史长，应对公民境外安全风险经验多，尤其安保公司众多，市场建设完备。相比之下，中国近年虽也有安保公司注册，但出境经营活动甚微，只听楼梯响，不见人下来。产业不成规模，行业缺乏标准，管理无法规可依。

总之，中国公民境外安全风险状况是中国与外部世界关系的缩影，属于中国与外部世界关系发展到特定历史阶段的产物，具有某种历史必然性，躲都躲不开。

从长期封闭半封闭转变为全面对外开放，中国与外部世界总要有个从陌生到熟悉、从相互不适应到逐步相互适应的过程。在这个过程中，免不了磕磕碰碰。何况，祸福相依，中华民族要在与世界各民族相互交往中实现自己的命运，就免不了要承受由此产生的安全风险。

（六）前景预测

我们不得不承认，中国公民境外安全风险问题具有某种历史宿命，属于必然发生的事情。同时，我们也必须认识到，中国公民境外安全风险问题可能具有某种阶段性特征，不会有增无减，不可遏止。换句话说，我们有足够的理由断言，经过多方长期的努力，中国公民境外安全风险当能得到有效控制，决不能容忍中国公民境外安全风险越来越严峻的情况发生。在某个特定时间范围内，安全风险出现井喷式的增长可能不可避免，但是随着人们对安全风险的认知能力增强，以及风险防范意识和安全保障能力增强，风险危害程度应当有所下降，风险危害恶性增长的势头应当有所放缓。

另一方面，中国综合国力毕竟仍处在加速提升中，中国与外部世界的关系仍将长期处在复杂磨合中，能够影响中国公民境外安全风险发展变化的因素很多，诸因素相互作用存在很大的不确定性，尤其是某些基本要素的存在与发展，又使中国公民境外安全风险具有相当大的确定性，即至少在近中期，此类风险仍将呈现恶化容易缓解难的趋势。这些因素包括：

1. 中国经济可望仍以较高速度增长。参照“十二·五”规划，未来5—10年，中国经济按7%左右的“新常态”增长，届时经济规模和占比也将大幅度接近美国。随着中国调整产业结构，转变增长方式，经济规模持续扩大，中外经济联系将更加密切，相互依存更加深化复杂，中国企业“走出去”步伐也将进一步加快。

2014年8月6日，《人民日报》转述发改委负责人表态，“我国将继续加强境外投资宏观指导，改革境外投资审批制度，推进境外投资便利化，最大限度减小核准范围，简化核准手续，并完善相关管理规定，允许个人投资者开展境外投资”；要“制定和实施境外投资中长期发展规划、重点领域和区域投资规划，重点鼓励有利于满足国内能源资源需求、促进产业转型升级、化解国内过剩产能、带动设备标准和服务输出的各类境外投资”。

随着中国对外开放深化，中国企业“走出去”步伐进一步加快，经济矛盾、竞争与摩擦在所难免，无疑将增加中国公民境外安全的脆弱性。

2. 中国公民出境游有增无减。随着中国经济持续稳步增长，中国人民在努力实现“中国梦”的过程中，生活水平将稳步提高。尽管近期人民币币值回调，但从长期看，购买力总体呈上升趋势，公民出国旅游成本稳中有降，出游规模和范围将继续扩大，海外求学仍将高温不退并日趋低龄化。这将使中国公民遭遇境外风险危害的概率持续上升。

最近几年，中国公民出境数量以年均 1000 万的速度递增。2012 年中国公民出境还只有 8318 万人次，2013 年出境游 9819 万人次，同比增长 18%。2014 年，根据国家旅游局和中国旅游研究院统计中国公民出境游人数 1. 17 亿人次。如此增速哪怕持续 5 年，到 2020 年，或以半速持续 10 年到 2025 年，中国公民出境规模都将轻松翻番，超过 2 亿人次。麦肯锡发布报告称，未来 10 年，可支配年均收入能够支付得起私家车和小件奢侈品的中国城市家庭比例将增长近 6 倍，这意味着中国旅游消费的繁荣才刚刚开始。

3. “中国威胁论”高温不退。随着中国综合国力不断增强，中国与某些邻国存在的陆地海洋权益争端，短期内获致解决的希望渺茫，中国与某些邻国的关系可能呈现阶段性紧张局面，民族情绪激昂，排华、仇华与报复心理难有实质性缓解。这将使中国公民周边出行遭遇安全风险的概率居高不下。

4. 世界安全形势明显恶化。未来5—10年，世界传统与非传统安全威胁交织的局面更加复杂，世界很不安宁。特别是世界格局进入多极化时代，大国间矛盾竞争加剧，世界政治无序化特征重现，冷战思维回潮，地缘博弈加剧，紧张局势升级，战争危险特别是局部冲突概率上升。在这个大背景下，恐怖主义、宗教纷争、资源争夺、区域动荡将不会停歇，种族仇杀、政局不稳更可能此起彼伏。前不久，伦敦经济与和平研究所发表《全球恐怖主义指数》报告，2013年恐怖袭击逾1万起，较上年增加44%，致1.8万人丧生，较上年增长61%，“伊斯兰国”、“博科圣地”、“基地”和“塔利班”四大恐怖组织制造的恐怖袭击占66%。因而可以断定，未来5—10年，中国公民境外安全的大环境总体依旧堪忧。

总之，中国公民境外安全风险的过去、现在和未来，都在时时鞭策着中国党和政府各部门、中国媒体、中国公司和中国学者的神经，呼唤着健全完善的公民境外安全保障体系，更呼唤着民间安保市场的培育和发展。所有这些，都依赖于准确把握中国公民各类群体遭遇境外安全风险的规律、特点与成因。

三

中国公民境外安全风险特点，纷繁复杂

导　读

（一）国企员工境外安全风险分析

国企员工是中国公民遭遇境外安全风险伤害的重要群体，遭遇暴力恐怖、绑架和盗抢分别占比 19%、43% 和 2%，主要原因是国企对外投资业务多涉周边和非洲等高危地区，员工居住集中，易被罪犯锁定目标，涉事单位与个人风险意识淡漠，安全防范措施缺位。

（二）民企员工境外安全风险分析

民企员工和个体从业者也是中国公民境外遭遇安全风险伤害的重要群体，遭遇暴恐伤害、绑架和盗抢分别占比 37%、50% 和 53%，远超国企员工，显示境外民企人员具有更大的安全脆弱性，主要原因是涉周边、非洲和拉美等高危地区，且分散经商，容易露富，风险意识和安保投入严重不足。

（三）中国游客境外安全风险分析

旅客是中国公民境外遭遇安全风险的第三大群体，遭遇交通事故、扣押、盗抢和暴恐伤害分别占比 74%、59%、45% 和 4%。总体来看，旅客多在旅途、观光和购物，故遭遇财产损失多于人身伤害。财产损失多因炫富，人身伤害多缘起交通事故，扣押多因涉非法违规行为。旅客安全风险多发地在欧美、周边和西亚、非洲地区。

（四）留学生境外安全风险分析

留学生是中国公民遭遇境外安全风险伤害的重要群体之一，遭遇暴恐伤害、交通事故、盗抢和性侵分别占比 41%、23%、8% 和 7%，主要原因是留学生缺乏基本的人身安全保护知识与技能，安全意识薄弱，没有接受过系统专业的人身安全培训。

（一）国企员工境外安全风险分析

国有企业特指国营事业单位或国营企业。

按国际惯例，国企特指中央政府或联邦政府投资或参与控制的企业。中国国企则特指政府全额出资兴办的独资企业和政府出资控股的国有控股公司，有央企和国企之分。

广义上的央企包括直接隶属国资委统管的军工、电信、能源、资源等战略性支柱产业的大企业，也包括银监会、证监会、保监会管理的金融企业及国务院各部门或群众团体管理的烟草、铁路、机场、广播电视等行业的大企业。某些央企领导人直接由中组部任命管理。除央企外，国企还包括地方政府投资参与控制的企业。

因此，中国国企具全民所有制性质，兼具营利和公益双重功能。营利性表现在追求国有资产保值增值，公益性表现在根据国家意志，参与国家经济活动调节。

改革开放30多年来，中国对外经济关系上演从资金、技术、产品“引进来”，到产品出口，再到产品、资金、技术全方位“走出去”这三级跳。在中国企业逐步走出去过程中，国企无疑是“火车头”和“领头羊”。显而易见，中国能源资源相对短缺，适应中国经济规模扩张对能源资源需求和对外经济援助的需要，首先“走出去”的各类国企，自然把业务重点放在能源资源开发和水电交通等基础设施建设上，国企员工自然成为最先也较多遭遇境外安全风险的中国公民群体。

1. 人员分类

与境内经营略有不同，境外国企员工分正式员工、派遣员工和当地员工三类。

正式员工多属领导和工程技术人员。企业承接境外工程项目后，需派出有经验的领导和技术人员，长期驻守，组织生产经营活动，实施技术和质量监督。此类员工一般享有驻外特殊补贴，且补贴幅度比较大。

派遣员工一般由第三方招聘派出，即用人国企委托劳务公司，从国内招聘劳务人员，派遣出境。国企派遣员工与劳务公司签订劳务派遣合同，劳务公司与国企等用人单位签订合同。按《劳动法》规定，派遣员工与在岗正式员工同工同酬。鉴于派遣员工流动性较大，有些国企为留住有经验的派遣员工，经常与之直接签订劳动合同，将其转变为正式员工。

当地员工就地招聘。尽可能在当地招聘员工，促进就业，这是国际公认的跨国投资企业的重要社会责任。中国企业“走出去”历史短暂，经验不足，或因国内劳动力成本低，或因就地招聘员工技术素质差，也有语言沟通障碍，很多企业起初不太情愿招聘当地员工，故曾遭遇国际媒体诟病。近年来，商务部多次召开“走出去”企业高端会议，强调境外投资要重视履行社会责任，情况始有好转。从统计数据看，这三类境外国企员工都不同程度遭遇到安全风险。

2. 风险种类

梳理近年内外媒体报道，中国籍国企员工境外遭遇的主要安全风险依次为暴恐袭击、绑架和抢劫。

（1）暴恐

此乃中国公民境外面临的最严重安全风险，具体表现为暴徒持刀、持枪或爆炸物等对中国公民实施恐怖袭击或恶性刑事犯罪。

与其他中国公民群体相比，国企员工境外遭遇恶性袭击的概率明显偏高，多数案例不同程度地带有仇视与恐怖色彩。1994 年 8 月 15 日，在阿尔及利亚工作的一名中国工程人员和一名翻译被恐怖分子枪杀，当属改革开放后最早外派人员死于恐怖活动的案例。

近 10 年，据不完全统计，仅媒体公开报道，中国公民境外遭遇暴力恐怖等袭击 265 起，致死伤者 1022 人（死 619 人，伤 403 人）。仅媒体报道的国企员工遭遇暴力袭击致死伤就有 191 人，占中国公民境外遭遇伤害比重将近 19%。详见图 25：

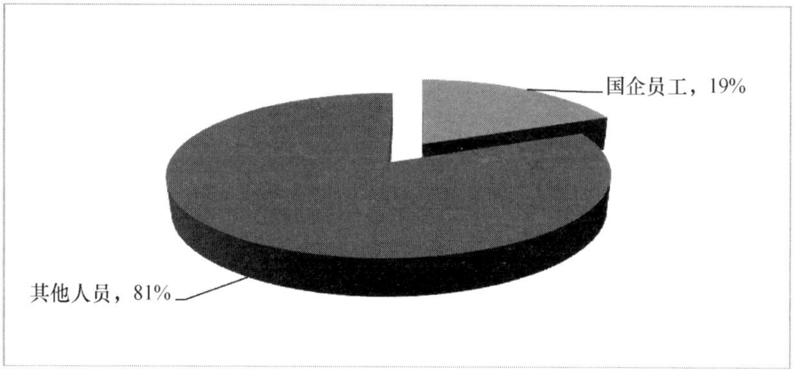

图 25 国企员工境外遇袭伤亡占比（2004—2014）

为便于比较和探索规律，我们认为有必要引入伤亡率概念，如用万分之几或百万分之几来表达。计算伤亡率，就需将滞留境外时间长短不一的各类人员按可比性时间单位进行折算。

此外，计算国有企业和民营企业人员占比，因缺乏统计数据，我们只能在现有数据基础上做大致推算。截至 2013 年 12 月底，国有企业占非金融类中国对外投资存量的 55.2%，有统计的 2006—2013 年累计滞留境外中国籍企业员工 425.63 万，按相同比率计算国有企业员工占比，约 234.95 万人，受伤害率约 0.82/10000。

同期中国公民出境，有些是长期驻外，有些是短期旅行。国企员工、民企人员和留学生属长期居外，观光和商务旅游是短期旅行。

同期中国公民出境累计 5.5377 亿人次。测定风险发生率，做横向风险比较，需将短期旅行的境外活动时间折算成以年度为居外时间单位。

上述企业员工累计 425.63 万人次。此间出国留学人数累计 285.82 万人次，扣除学成归国 127.15 万人，长期在外留学生是 158.67 万人。从中国公民出境累计数中扣除各类企业人员和留学生，所剩出境短期旅行 5.4793 亿人次。

按短期旅行境外活动平均一周计算，折合成以年度为境外滞留单位，则是 1053.7 万人次，再加上企业员工和留学生人数，就是以年度为境外滞留单位的中国公民出境累计人数，即 1638 万人次。又媒体报道伤亡人数累计 1022 人，伤害风险率约为 0.62/10000。换言之，境外中国籍国企员工遭遇暴恐的伤害率是中国公民此类伤害率平均值的 1.3 倍。参见图 26：

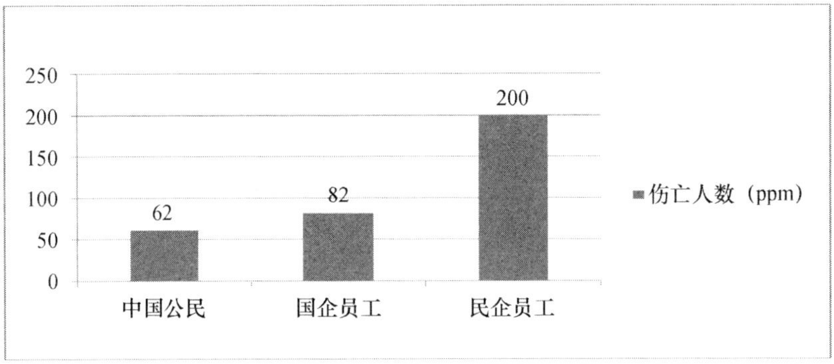

图 26　中国公民境外遭遇暴恐伤害风险率比较（2004—2014）

暴恐袭击事件多发生在巴基斯坦和阿富汗等极端恐怖势力活跃的国家。典型案例有：

中国工程人员遭遇汽车炸弹袭击

案例梗概：2004 年 5 月 3 日，巴基斯坦西部瓜达尔港，中国工程人员乘坐的一辆面包车遭遇汽车炸弹袭击，造成 3 人不幸遇难，9 人受伤，其中 4 人伤势严重。巴基斯坦警方说，这是一起“恐怖主义行径”的案件。伤亡中国公民是设在天津的中国交通部第一航务工程勘察设计院的监理工程师。

分析评述：在恐怖势力活动猖獗地区承担工程项目，应当具有很强的安防意识与警觉。如果能有专人负责经常检查汽车安全状况，或许能减少，甚至排除汽车炸弹隐患。

中铁集团员工阿富汗遇袭身亡

案例梗概：2004 年 6 月 10 日凌晨，中铁十四局负责的阿富汗援建项目工地遭遇恐怖袭击，10 名中国工人当场遇难，6 人受伤，其中 1 名不治身亡。该援建项目系阿富汗从世行贷款的公路修复项目，总长230公里，遇袭工地在阿富汗北部省份昆都士以南36公里处。中铁十四局集团公司的海外分公司于2003年10月中标，负责该项目的施工。

分析评述：此次遇袭有两大教训。一是负责施工方未能与当地执法部门建立起密切沟通与合作关系。昆都士省省长及负责当地安全工作的第六军团司令达乌德对中铁建项目都十分重视，曾表示要加强与中方联系，最后均未落实。达乌德说，他曾主动表示要加强工地警力，也没有落到实处。二是工地风险防范措施松懈。遇袭地点是沥青搅拌站，离公路五六百米，交通便利，但工地两边依山，远离村庄，安全环境险恶。生活区大院有三座门，只有当地派遣的两名持枪保安把守，没有出入登记和请假制度。据目击者说，出事前一天下午，有人曾驾驶吉普车快速闯进工地，绕场一周又掉头驶离，行迹十分可疑。尤其60多名刚刚抵达工地的中国工人被安排在大院外面的几顶帐篷中过夜，四周空旷，没有任何安保警卫。如果这些人也睡在大院里面，或如同其他承担援建项目公司那样在工地周围挖掘壕沟或架设铁丝网，或者发现可疑吉普车后强化防范措施，尚不至于蒙受如此惨重伤亡。

两名中国工程师遇袭案

案例梗概：2004年10月9日，中国水利水电建设集团公司巴基斯坦经理部的两名中国工程师王恩德和王鹏，在巴基斯坦西北与阿富汗接壤的南瓦济里斯坦高玛赞水坝项目施工时，遭5名武装分子绑架。在组织谈判营救过程初期，2名人质只能睡在布满石子的地上。经绑匪同意，中水电十三局项目部给2人送去裤子、毛衣、饼干和橘子等。为稳定绑匪情绪，王恩德和王鹏两人还将食物与绑匪分享，对获释充满信心。直到 10 月 12 日，绑匪始在两人身上捆绑炸弹。据说该武装分子与“基地”组织关系密切。巴安全部队 10 月 14 日采取营救行动，击毙 5 名暴徒，两名工程师一死一伤。

分析评述：歹徒此次绑架中国工人，旨在向对华友好的巴基斯坦政府施加压力，要求保证他们安全离开。

三名中国工程师巴基斯坦遭遇枪杀

案例梗概：2006 年 2 月 15 日，当地时间下午 5 时 10 分（北京时间晚 8 时 10 分），6 名来自中国安徽合肥一水泥厂的中国工程人员乘面包车从工地返回驻地，车行至距俾路支省首府奎达东南约 700 公里的胡布镇的维修路段时，1 名持枪歹徒驾驶摩托车拦住面包车并开枪，3 名中国工程师和 1 名巴基斯坦司机当场被打死，另外 3 名中国人坐后排，闻枪俯身躲藏，幸免于难。巴基斯坦警方在当地展开突击调查，很快逮捕 9 名嫌犯。一个名为“俾路支解放军”的暴力团伙公开发表声明，承认系该组织所为。

分析评述：项目负责单位明显安保意识淡化，缺乏必要的安保措施。如副驾驶座位上有 1 名武装警卫，歹徒未必如此肆无忌惮。这家水泥厂隶属中国建材集团下属合肥水泥工业设计研究院。此外，设计研究院事先向大地保险安徽分公司投保员工团体人身意外伤害险，被保险人为该院 38 名援巴人员，每人保额为 40 万元，保险期限为 3 个月。2 月 15 日，上述保单生效还不到一天，便意外发生 3 名被保险人遇害身亡事件。研究院因及时投保使遇难职工家属能够获得必要的赔付，反映出较强的现代企业风险管理意识。对保险公司而言，可否针对此类特殊敏感或高风险地区保险项目安排必要的安保措施，而不仅仅是听天由命地等待事发赔付，以较少成本避免大额赔付，值得思考。

（2）绑架

绑架自古有之，基本方式是暴力挟持人质，勒索钱财或寻求政治交换。近十年，中国公民遭遇境外绑架案例可谓不胜枚举，非洲的苏丹、喀麦隆、尼日利亚和南亚的巴基斯坦、阿富汗以及东南亚的菲律宾等国是重灾区。

这种情况首先与中国对外经济活动范围有关。国企是中国企业走出去的“领头羊”，国企员工自然成为绑架活动最初的主要受害者。仅尼日利亚就有中国规模企业 300 多家，投资范围涉及石油、港口、家电、手机等领域。所以，尼日利亚是绑架高发地，中国国企员工也首当其冲。2007 年前 3 个月，经权威媒体公开报道的尼日利亚绑架中国公民案就有 3 起，2 起针对国企员工。

从 2004 年到 2014 年 11 月，媒体公开报道中国公民境外遭遇绑架 63 起，涉及 325 人，其中，中国境外国企员工遭遇绑架 140 人，占比 43%。参见图 27：

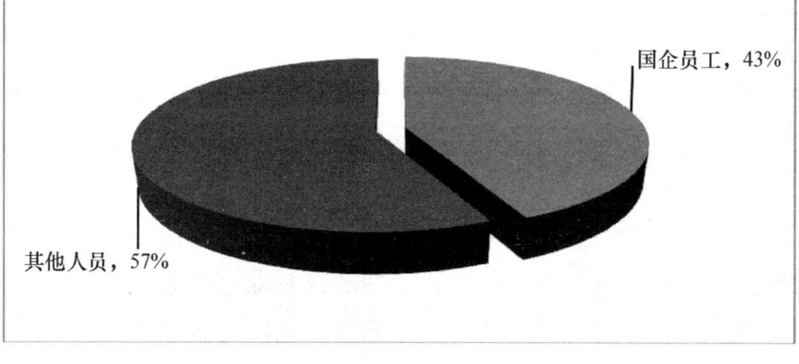

图 27　国企员工境外遭遇绑架数量占比（2004—2014）

中国公民境外遭遇绑架平均风险率为0.2/10000。境外中国籍国企员工遭遇绑架的风险是0.6/10000。国企员工境外遭遇绑架的风险率是中国公民遭遇绑架风险率平均值的3倍。显然，国企员工是中国公民境外遭遇绑架的高风险群体，见图28：

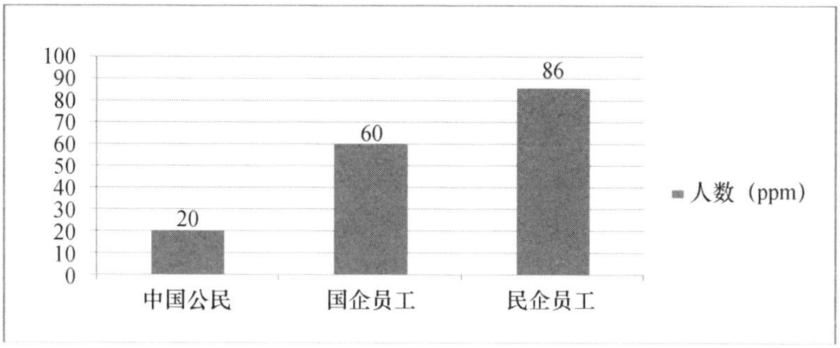

图28　中国公民境外遭遇绑架风险比较（2004—2014）

如果说发生在阿富汗和巴基斯坦的枪杀国企员工案件有深厚的暴恐背景，那么主要发生在非洲和中国周边某些国家的暴力绑架主要目的是勒索钱财，多与当地经济困难和治安状况恶化有关。且看如下典型案例：

四川通信建设5名工人遭遇绑架

案件梗概：当地时间2007年1月5日早上5点30分左右，四川通信建设工程有限公司所属李平、高泽民等5名中国工人在南部尼日尔河三角洲地区的墨昆德村遭到武装分子绑架。当地部落长老阿历克谢·尼亚尔目睹整个过程。当时，6名中国工人在架设电线，其中5人在一起作业，第6人在远处车上休息。突然，一辆高速行驶而来的小面包车嘎然而止，跳下一伙身着迷彩制服的武装人员，喝令中国工人停止工作，然后将他们往小面包车里赶。第 6 人察觉事情不对，赶紧驾车逃离报警。武装人员随即逃之夭夭。“整个过程持续不到 3 分钟，没有殴打，没有人受到伤害”。绑架发生后，中国外交部、商务部根据胡锦涛主席和温家宝总理的要求，立刻启动应急机制。尼总统奥巴桑乔要求全力破案，埃莫华地区的土皇（部族领导人）于 7 日承诺，将为争取使被绑架的 5 名中国工人安全获释提供帮助，并相信中国人质将会安全获释。经多方 13 天的斡旋交涉，当地时间 1 月 17 日，5 名中国工人安全获释。

分析评述：此事与尼日利亚发生的多数绑架案一样，绑匪只图勒索赎金，未提其他要求，但整个过程仍然惊心动魄。中尼双方最高层和责任部门反应迅速，应对措施得力。营救过程充分发挥了当地社会名流的作用。据组织营救的某负责人透露，“最终成功营救，中间人发挥了重要作用”。

9 名中资石油公司员工遭绑架

案件梗概：2007 年 1 月 25 日清晨，一伙不明身份的武装人员分乘 3 艘快艇，在尼日利亚南部巴耶尔萨州袭击并绑架 9 名中石油集团公司海外员工。绑架事件发生后，党中央、国务院领导高度关注，外交部、商务部及相关驻外机构全力营救。经中尼两国多方长达 11 天努力，9 名中石油员工于当地时间 2 月 3 日即北京时间 2 月 4 日清晨安全获释。

分析评述：尼日利亚是非洲第一大产油国，中石油、中石化和中海油三大石油公司均在尼有庞大业务。仅 2006 年，尼日利亚就发生 9 起针对意大利等外国石油公司的绑架，中资石油公司未曾遭遇此类风险。虽然各公司都备有风险处置预案，但中国领事部门和驻尼公司满足于中尼关系稳定，使馆与尼各部门关系融洽，中资公司注意履行社会责任，力避掠夺性开发，安全风险意识相对淡化。所以，公司预案基本原则是尽量采取友好平等谈判方式化解风险，提醒员工非工作时间不要外出以避免麻烦。但对工作时间防范安全风险却注意不够，缺乏必要的安保警卫。

中土公司3名员工遭绑架

2008年5月6日夜间，在尼南部克罗斯河州首府卡拉巴尔营地附近，中国土木工程集团公司（中土公司）尼日利亚分公司的3名中国员工被不明身份的匪徒绑架。克罗斯河州地处尼南部，与喀麦隆接壤，是尼日利亚的旅游胜地之一。中土公司在克罗斯河州有数个公路、桥梁建设项目，在卡拉巴尔营地的常驻人员有几十人至上百人。经中尼多方努力，3名中国员工于5月9日成功获救。

2名中资企业员工遭绑架抢劫

2010年8月19日晚9时左右，两名中国公民（所属公司不详）在奥贡州遭持枪歹徒绑架。当天他们去拉各斯办事，返回驻地途中遭遇暴徒跟踪。到达离公司驻地两公里处的伊戈贝萨小镇时，两人决定让司机先回家休息，自行开车回驻地。司机前脚刚走，突然出现3个持枪歹徒，强行把他们塞进车里。歹徒逃离小镇时，当地居民曾试图通过放马钉、设横杆等方式阻止歹徒，无奈歹徒开枪示警，居民便迅速报警。歹徒驱车1个多小时后，将两名中国公民丢弃荒郊野外，带着抢劫的笔记本电脑等驾车逃离。脱离绑匪后，两人迅速向国内公司领导和领事馆报告，尼警方迅速展开追捕，最终成功逮捕暴徒并追回被抢皮卡与笔记本电脑。

总体来看，或许因与当地政府、警方和中国领事保护机构关系密切，承接项目巨大，资金实力雄厚，能够及时有力地展开营救，中国国企员工遭遇绑架被撕票的公开报道极少。

必须指出，中国公民境外遭遇绑架的实际案例数可能是媒体公开报道的几倍甚至几十倍。即使是国企员工遭遇绑架的实际数目也与媒体报道的相差很大。其原因在于，多数企业为稳定员工及其家属情绪，或避免矛盾激化，都不愿公开披露员工遭遇绑架实情；有些公司担心影响公司形象，多少都有“家丑不可外扬”的传统心理作祟，即使在对媒体披露时也避免提及公司具体名称。

（3）盗抢

这是有史以来最普通的刑事犯罪，其表现形式是抢夺公私财物，常伴随对财物所有者、保管看护者或持有者的暴力与胁迫行为。

中国公民境外安全风险中，盗抢发生频度高，危害相对小，媒体关注度相对低。从不完全统计数据看，境外国企员工遭遇盗抢的案例占比明显减少。在媒体报道的涉盗抢案 45 个国家、158 起、涉案 1407 人中，国企员工遭劫者 27 人，占比不足 2%。见图 29：

图 29　国企员工境外遭遇盗抢占比（2004—2014）

同期折算成以年度为滞留时间单位的中国公民出境 1638 万人次，媒体报道遭遇盗抢人数 1407 人，被盗抢风险率约为 0.86/10000。国企员工 234.95 万人，遭遇盗抢 27 人，被盗抢风险率 0.11/10000。国企员工遭遇盗抢的概率约为中国公民境外遭遇盗抢风险率的 1/8。显然，国企员工遭遇盗抢的风险很低。参见图 30：

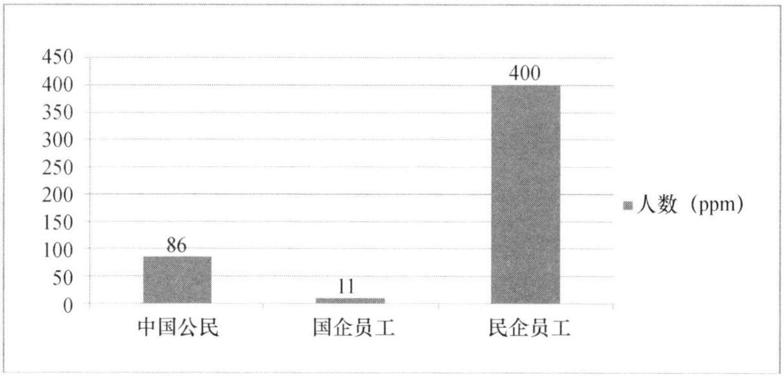

图 30　中国公民境外遭遇盗抢风险比较（2004—2014）

（4）灾害

境外自然灾害殃及中国公民的发生率不高，危害却相当大。对境外中国公民造成重大伤害的自然灾害有印度洋地震引发海啸、海地大地震、日本地震引发的福岛核泄露、哈萨克斯坦泥石流等。10 年来，据媒体报道，境外遭遇自然灾害的中国公民有 148 人（死 122 人，伤 26 人）。其中，国企员工 13 人，非国企人员 53 人，游客 73 人，其他（军人和学生）9 人。国企员工遭遇自然灾害伤害人数占总数的 9%。

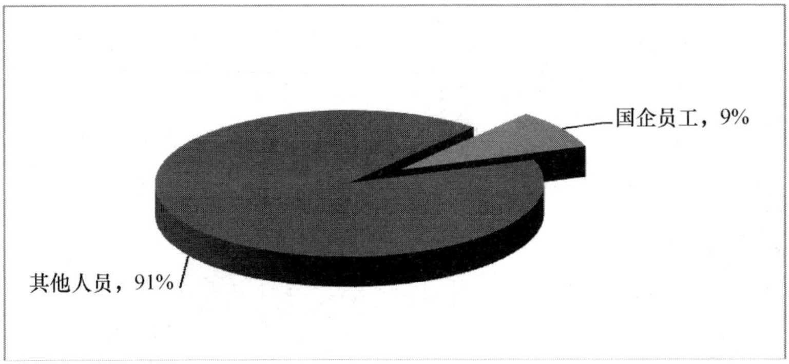

图 31　国企员工境外遭遇自然灾害占比（2004—2014）

横向比较，中国公民遭遇境外自然灾害的风险率是百万分之九，即 9ppm，国企员工遭遇自然灾害的风险率是百万分之五点五，即 5.5ppm。国企员工遭遇境外自然灾害风险率低于平均水平。见图 32：

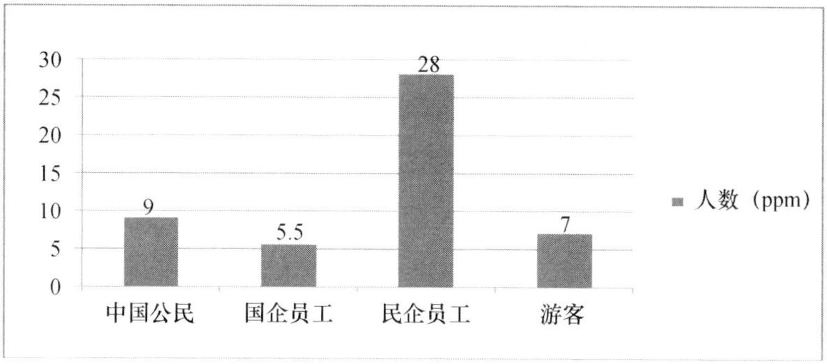

图 32　中国公民境外遭遇灾害风险率比较（2004—2014）

3. 特点成因

（1）特点

涉恶性案件数量大。暴力伤害和绑架是中国公民在境外遭遇的最严重安全风险。国企员工遭遇暴恐风险占比 19%，遭遇绑架占比 43%，风险率分别是中国公民遭遇同类风险率的 1.3 倍和 3 倍。相比之下，国企员工遭遇盗抢风险只占比 3%，遭遇自然灾害风险占比 9%。参见图 33：

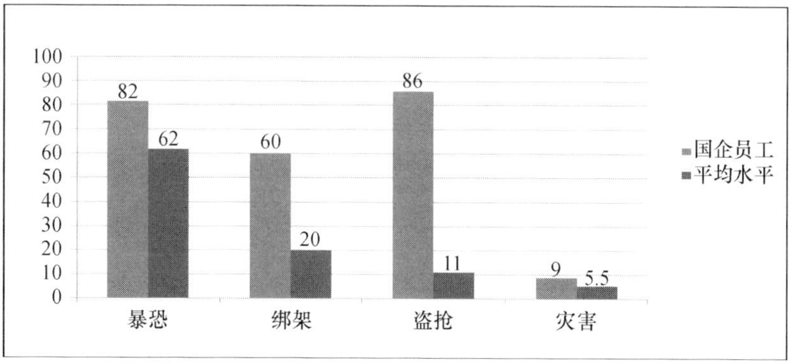

图 33　国企员工境外风险率比较（2004—2014）

案例分布有区域性。暴恐伤害发生地发生频率由高到低依次是周边国家、西亚非洲、北美大洋洲和欧洲。绑架发生地依次是非洲、周边国家、西亚和拉美。盗抢发生地依次在欧洲、西亚非洲、周边国家和拉美。

多数案发国对华友好。从尼日利亚和苏丹，到巴基斯坦和阿富汗，这些国家经济发展水平落后，希冀开展对华合作，促进自身发展，对中国援助和企业投资充满期待。这为中国国企承揽重大项目提供了机缘，境外国企员工也因此承受着独特的安全风险。

高危案件多发态势受到遏制。国企员工遭遇绑架案有 4 个高发年份，分别是 2007 年 22 人，2008 年 38 人，2012 年 54 人和 2014 年 21 人。见图 34：

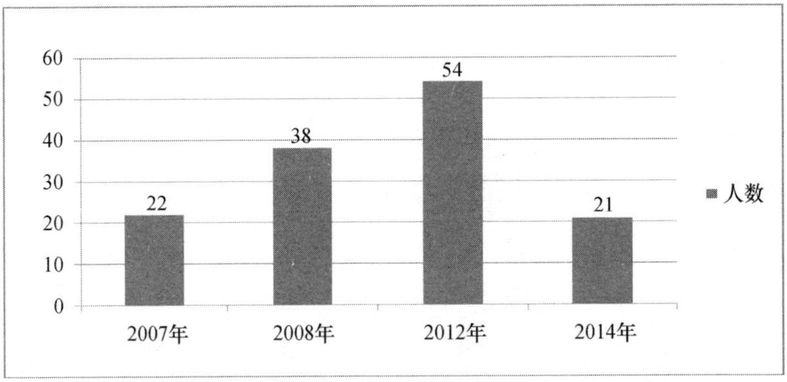

图 34　国企员工境外遭遇绑架高发年份（2004—2014）

暴恐案受伤害超过 10 人的年份有：2004 年 28 人，2007 年 10 人，2009 年 12 人和 2014 年 130 人。2014 年伤亡数目之大，乃是越南排华风潮导致，可视为特殊情况。

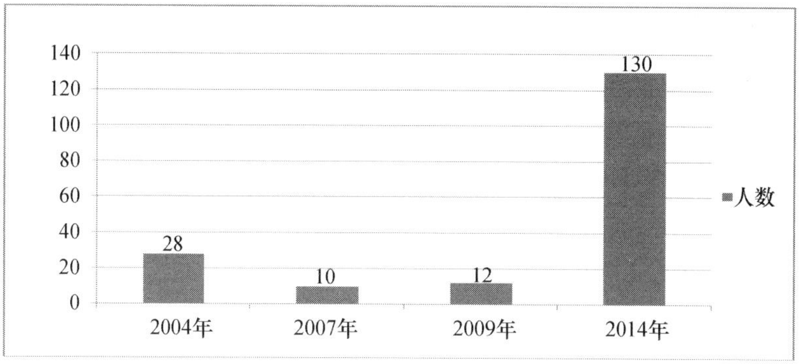

图 35　国企员工境外遭遇暴恐伤害高发年份（2004—2014）

总之，依现有数据，可见国企员工境外遭遇高危安全风险并未形成特别明显的不可遏止势头。有理由相信，2004 年中国公民境外安全风险井喷后，引起中国党和政府领导人及各部门重视，先后采取诸多强化安保的政策和措施，取得明显成效。

（2）成因

据不完全统计和具体案例分析，可大致归纳国企员工遭遇境外安全风险的特点成因如下：

身处险境。中国国有企业走出去，侧重能源资源开发和基础设施等援外项目建设。世界上那些安全稳定的能源资源富集地早就被美欧发达国家的跨国公司垄断，中国国有能源资源公司，便只能选择那些发展水平低、贫富差距大、治安环境差、恐怖势力猖獗的高风险能源资源富集地。

树大招风。因其财力雄厚，背景清晰，诱惑力强，绑匪容易铤而走险。尤其中国国企与这些发展中国家政府关系密切，也容易诱使反政府暴恐势力拿中国公民当人质，在政治上敲诈本国政府。

孤立封闭。中国援外工程特别是水电项目多在这类发展中国家，且项目基地多在偏僻地带，远离都市和人口稠密区，中国籍员工又多因语言障碍而集中居住，封闭式管理，与本地居民交流少，工作生活简单而有规律，虽然遭遇盗抢的概率小，但却特别容易被暴徒和绑匪观察、掌握和利用。

本土化不足。尤其国企“走出去”初期，因当地居民受教育程度和劳动技能不高，中国国企外派人员与当地语言沟通障碍，企业往往不太情愿雇佣当地居民，中国企业投资不能普遍惠及当地经济与社会发展，引发羡慕嫉妒。最近几年情况有所变化。如，某发电集团在印尼投资建设火力发电厂，定员204人，现有人员202人。其中，国内员工102名，本地员工100名，本地员工占员工总数的49%。但总体上看，受制于语言沟通障碍，我国企“走出去”的本土化进程仍嫌不足，时常遭遇诟病。

防范不力。国企长期习惯于国内相对稳定的安全环境，对外部安全环境的严峻性、复杂性缺乏充足精神和物质准备，风险意识淡漠，安保机制缺位，安保投入不充分，安保措施不到位，容易对突如其来的安全风险措手不及。

如，2004年6月10日，中铁十四局负责的阿富汗援建项目工地遭遇恐怖袭击，造成11死、5伤的惨案。究其原因，一是公司领导安保意识淡漠。当地警方主动提议进行安保合作，未获公司积极响应。二是工地戒备松懈。事发工地没有门卫登记制度，歹徒前一天驾车疯狂闯入工地踩点，未引起安保人员警惕重视。

又如，2006年2月15日，安徽合肥水泥厂6名员工从工地返回驻地，遭遇暴徒枪击，3名工程师当场遇难。其中一个重要原因是公司事先已为员工购买人身伤害保险，思想麻痹，防范松懈，汽车行驶过程中，副驾驶位居然没有当地武装保安，使暴徒肆无忌惮。

（3）思考

国企员工遭遇境外恶性安全风险案例居高不下，凸显现存安保体制机制的有效性与局限性。

所谓有效性，指中国海外安保体制机制建设起步晚、底子薄、见效快。面对中国公民境外安全风险井喷的复杂形势，从党中央、国务院领导、各主管部委特别是领事保护机构到地方政府和媒体学界，冷静审视形势，果断采取措施，大力推进体制机制建设，重视综合系统应对，有效地遏制了中国公民境外安全风险恶性发展的势头。虽然十年来中外关系有突破性进展，中国公民出境人数成倍增长，但至少见诸媒体的恶性安全风险案例并未水涨船高。

局限性是指现存境外安保体制机制已显示出滞后性。我们知道，中国海外安保体制机制的建设是一个从无到有的过程。最初阶段，起点低、难度小，因而见效也快。但是，随着时间的推移，体制机制建设总有天花板效应，挖潜并非没尽头。长期寄希望于国家层面的体制机制效能，势必陷入境外安保滞后于形势发展要求的被动局面。运用体制外非国家力量特别是市场力量，形成官民商学的综合安保体系，已是迫在眉睫的问题。

（二）民企员工境外安全风险分析

民营企业是对除国有独资和国有控股企业外所有本国企业的统称。30 多年来，民企既是中国经济崛起的主力军，也占中国企业“走出去”的半壁江山。尤其 1997 年东亚金融危机后，中国经济从卖方市场转向买方市场，促使大量民企开始将注意力转向境外。中国加入 WTO，更为其逐鹿世界市场吹来强劲东风。

据不完全统计，中国非国有企业“走出去”起步晚，增长快。截至 2013 年 12 月底，中国对外非金融类直接投资存量中，非国有企业投资总额多达 2434 亿美元，占比高达 44.8%。

伴随着中国非国有企业“走出去”步伐逐步加快，民企员工和个体经营者境外安全风险也呈渐增态势。

1. **人员分类**

民企包括有限责任公司、股份有限公司、合伙企业和个人独资企业四大类，民企员工大致包括以下三类。

（1）自招员工。这类员工属各类民营企业在国内自主招聘，派往境外，员工与企业老板存在直接雇佣关系。因民营企业包括四大类，从公司规模、经营理念、运作模式到薪酬福利待遇等诸方面都参差不齐。比如，华为公司员工与个体独资小企业都是民企，但其员工素质和待遇可能有天壤之别。

（2）派遣员工。此类员工由用人企业与劳务公司签署用工合同，由劳务公司负责招聘。一般说来，国企雇佣劳务派遣员工起步早、范围广。民企雇佣劳务派遣员工可省去招工、管理和劳资纠纷等诸多麻烦，但却须支付用工成本，为员工办理各种保险、向劳务派遣公司缴纳服务费等。由此，员工隐性收入可能不低，但和直接增加工资等显性收入相比，对派遣员工吸引力有限。所以，民企雇佣劳务派遣员工起步晚，数量也少。

（3）当地员工。此类乃境外民企直接招收雇佣当地人，并在工资收入和福利待遇等方面受到当地诸多法规制约。

总体来看，所谓境外中国民企，既有华为、联想和紫金矿业之类的规模企业，更有无数个体工商户在世界各地“打游击”，属散兵游勇。他们多在国内经商，小有积蓄，经亲戚朋友串连介绍，渴望跨海淘金。一般经营家庭商铺、餐饮和作坊，从国内或当地招聘些许帮工。既然是小本经营，投靠亲友，有很多几乎不与当地中华商会打招呼。中国驻当地领事馆和华人商会很难确切掌握同城到底有多少中国个体工商户。

截至2013年12月底，中国民企非金融类对外投资存量占比为44.8%。有确切统计的2006—2013年滞留境外中国籍企业员工425.63万人。按相同比例估算，同期境外中国民企员工至少190.68万人。

2. 风险种类

据不完全统计，境外民企员工遭遇的安全风险主要是暴恐伤害、绑架和盗抢三大类。

（1）暴恐

仅我们所搜集的媒体报道案例，2004—2014年，包括个体商户在内的各类民企人员遭遇暴恐袭击致伤亡376人，在同期中国公民境外遭遇暴恐袭击伤亡中占比 37%，国企、民企两类员工遇袭伤亡总占比高达 56%。其中，民企员工伤亡占比高出国企员工 18 个百分点。见图 36：

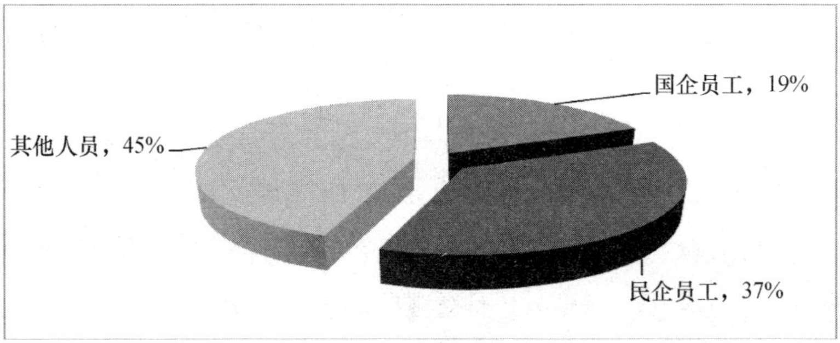

图 36　民企员工境外遇袭伤亡占比（2004—2014）

从伤亡率看，截至 2013 年 12 月底，民企占非金融类中国对外投资存量的 44.8%，按相同比率计算，包括个体商户在内的非国有企业员工总数是 190.68 万人，伤亡总数是 376 人，受伤害率接近 2/10000。

已知，折合成以年度为境外滞留单位的中国公民出境累计人数是 1638 万人次，粗略统计的媒体报道伤亡人数是 1022 人，受伤害比率约为 0.62/10000。前述中国国企员工境外遭遇暴恐伤害的风险率是 0.82/10000。那么，就境外遭遇暴恐伤害率而言，民企员工分别是国企员工的 2.4 倍和中国公民平均伤害率的 3.2 倍。

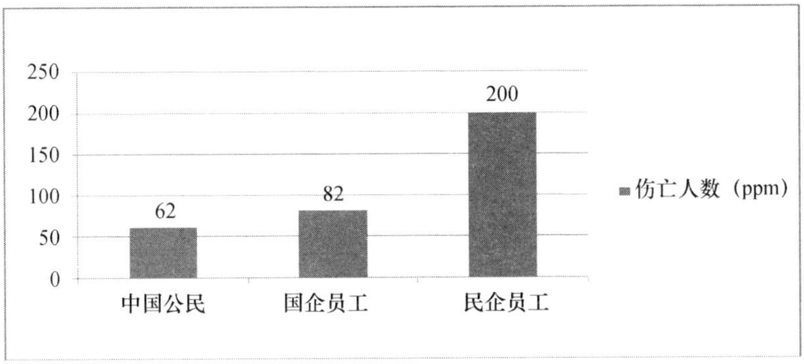

图 37　中国公民境外遭遇暴恐伤害风险率比较（2004—2014）

总之，境外民企员工遭遇暴恐袭击伤害占比超过任何其他群体，最具脆弱性。参见典型案例：

三名山东大汉遇袭客死他乡

案例梗概：北京时间 2007 年 7 月 8 日晚 8 时 45 分，当地时间下午 5 时 4 分，居住在巴基斯坦西北边境省首府白沙瓦市的山东莱阳人赵建国等 4 名中国公民正准备休息，突然有 3 名暴徒，驾驶吉普车，携带武器，闯进房间。他们先向赵一吏等人索要钱财，未果，两名枪手便开枪扫射，另一名枪手则手持摄像机将整个过程拍摄下来。随后，暴徒扬长而去。赵建国因在里屋喝水只有左臂中枪，侥幸躲过一劫，其他 3 人不幸遇难。

事发两年前，赵建国带着儿子和外甥来到巴基斯坦，在白沙瓦开了一个小型的三轮摩托车组装厂，从事小型摩托车组装工作，项目不属中国政府对巴援建项目，完全是私人投资行为。有报道称，赵建国等人事发前曾接到数个恐吓电话，他们曾向当地警局报警，但警方未采取行动。从暴徒均蓄胡须、未抢走任何财物和有预谋、有准备地拍摄枪杀过程来看，恐怖袭击可能性居大。

分析评述：此案突出特点是恐怖袭击，巴基斯坦安全形势如此严峻，小型民企人员却冒险精神有余，忧患意识不足，缺乏安全风险防范措施。受害人接到恐吓电话后报警未引起警方重视，反映出个体经济不受重视的无助与无奈。

华人超市老板命丧阿根廷

事件梗概：2012 年 10 月 31 日下午 6 点半左右，阿根廷布省埃斯科瓦尔（Escobar）市加林（Garín）镇，6 名不明身份的暴徒持枪冲进某华商超市，径直来到超市后面一个房间，一言不发，朝正在房间休息的华人店主腹部连开 4 枪。受害人虽身受重伤，仍拔枪回击。歹徒行凶后逃离，店主被紧急送医，不治身亡。

分析评述：统计数据表明，相对于周边和西亚非洲，对于中国公民而言，拉美并非高风险地区。但在阿根廷，华人超市却险象环生，血案频仍。究其原因：一是华人黑帮横行。不法分子假托商会，强征高额入会费和保护费，不从即报复。中阿执法机构曾联手打击，效果欠佳。二是华人超市经营模式引起当地怨恨。在阿中国公民约 10 万人，却经营着 1 万多家超市，营业额占到当地零售业的 37%。阿根廷是拉美地区的“西班牙”，居民自在悠闲，重视享受人生，商店超市周末歇业。华人普遍吃苦耐劳，华人超市夜间、周末照常营业，对当地商户形成强大竞争压力，被视为不正当竞争。2013 年 12 月 7 日，有阿根廷人在脸书（Facebook）上呼吁 12 月 20 日集体抢劫，“为了过好平安夜，去抢中国人”。这种情况反映出中国公民境外淘金，历经风险，正是中外经贸关系复杂磨合的缩影。

河南私企 7 员工赞比亚遇袭

案例梗概：2014 年 2 月 12 日，赞比亚首都卢萨卡郊区，河南采石家族企业点线科技公司驻地遭遇武装歹徒袭击。4 名歹徒携带手枪、AK 步枪、斧头、砍刀等作案工具闯入，打爆一个汽油桶，7 名河南籍员工不同程度遭遇爆炸伤害。1 名流血过多，出现贫血、休克、内出血和神志模糊不清等症状，最终不治身亡。其余 6 人大多头部肩背部多处被砍伤。歹徒袭击时，中国员工用棍棒、斧头奋起反击，分别打死打伤 2 名歹徒。

分析评述：赞比亚是首个对华建交的非洲国家，但因长期经济落后，贫富悬殊，枪支泛滥，社会秩序混乱，刑事犯罪频发。大量中国民企赴非洲大陆淘金，风险意识普遍淡漠，防范措施缺位。该公司员工驻地既没有警察护卫，也没有雇佣当地保安，甚至没有必要的防卫器械。附近有家浙江人投资的公司因为备有枪支，歹徒就未敢贸然行事。事发后，该公司不得不因忽视安保投入而在员工抚恤金上付出惨重代价，正所谓大处不算小处算，聪明反被聪明误。但是，7 名公司员工遇险不惧，强力奋起反抗，歹徒亦有 2 死 2 伤，在当地引起震动，令当地人对一向温和文雅的中国公民刮目相看。

（2）绑架

相比之下，2004—2014 年，媒体报道中国公民境外遭遇绑架案 63 起，涉及 325 人。国企、民企遭遇绑架人数分别为 140 人和 164 人，合并占比 93%，足见企业员工是中国公民在境外遭暴力绑架的主要受害群体。

但是，境外民企员工遭遇绑架超过同期境外国企员工遭遇绑架数 24 人，超 7 个百分点。见图 38：

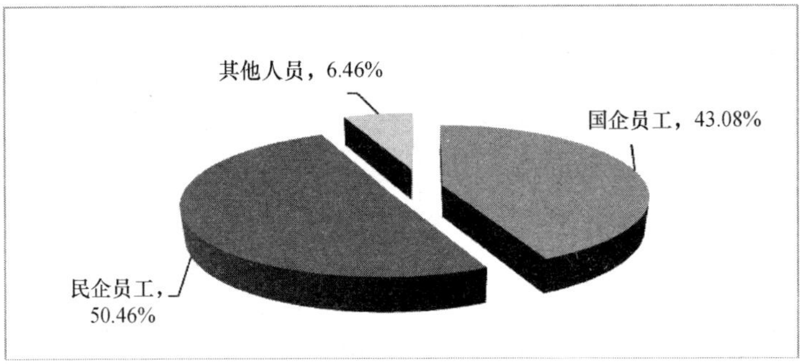

图 38　民企员工境外遭遇绑架人数占比（2004—2014）

从遭遇绑架风险率看，同期境外民企员工总数 190.68 万人，遭遇绑架约为 164 人，风险率是 0.86/10000。境外国企员工总数 234.95 万人，遭遇绑架 140 人，风险率是 0.6/10000。折合成以年度滞留境外的中国公民出境人数是 1638 万人次，遭遇绑架风险率是 0.2/10000。因此，民企员工遭遇绑架的风险率是国企员工的 1.4 倍，更是中国公民境外遭遇绑架风险率的 4.3 倍。与包括国企员工在内的其他境外中国公民群体相比，民企员工更易遭遇绑架，其安全最具脆弱性。参见图 39：

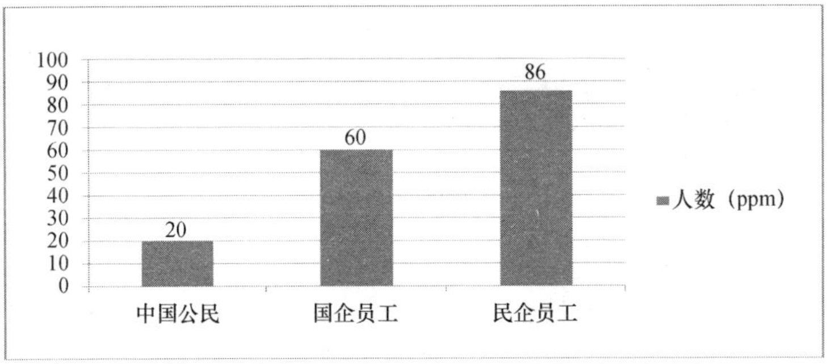

图 39　中国公民境外遭遇绑架风险比较（2004—2014）

中国民企员工尼日利亚遭遇池鱼之殃

案例梗概：尼阿南布拉州东南部工业小镇奈崴（Nnewi）有家英诺逊摩托车装配厂，浙江人投资。

2007 年 3 月 17 日，中国公民牛贵强与冯胜义（1 个为工程师、1 个为资深英语翻译）和 1 名当地人正在工作，突然有 4 人驱车闯入，朝天鸣枪，并迅速将 3 人捆绑起来，扔进开来的车上，加速逃离。

据当地记者查证，被绑架者牛贵强，工程师，1983 年出生在中国河南，典型 80 后。另一位汉语拼音读音为冯胜义，资深英语翻译。

警方查明，绑架由分离组织“实现比夫拉主权国运动”所为。其初始目标并非中国公民，而是英诺逊总裁。因奈崴是个小镇，英诺逊公司是当地一家集团公司，财力雄厚，几个厂房巨大，与中国企业有合作关系，其总裁在当地拥有广泛影响力。绑匪企图通过绑架英诺逊总裁，要挟政府释放被捕的该分离组织首领。绑匪冲进车间未发现总裁，便将 3 人绑架，并索要百万赎金。

分析评述：知情者认为，此绑架案的背景或基本原因是社会贫富悬殊过大。尼日利亚盛产石油，石油收入大头归国家所有，只有不到 15% 归州和地方政府所有，当地百姓每天生活费不足 1 美元。且尼有 200 多个部族，部族间利益分配不均也易引发争端。二是公司安保意识和措施不到位。在贫富差距巨大、社会治安混乱的环境中，公司所在地除 3 名员工外，居然不设门卫或保安。祖籍上海、被尼日利亚任命为酋长并多次参与救援被绑架中国公民的胡介国说，类似这样的公司，一定要请警察帮忙，最起码也要雇佣当地保安。

中国籍歌厅女老板母女在菲遭恐怖绑架

案例梗概：2014 年 5 月 22 日晚 9 时 35 分，菲律宾南部巴西兰省伊莎贝拉市，10 多名身着迷彩服的武装人员冲进一家卡拉 OK 歌厅，歌厅雇员还没从惊恐中反应过来，暴徒就将歌厅女老板迪娜·林·依拉汗和她 19 岁的女儿林雅红绑架，带到停泊在附近港口的一艘快艇上驶离，至今下落不明。绑匪开价赎金 3000 万比索（折合人民币 400 多万元）。

事发后，伊莎贝拉市市长立即发布命令，要求安全部队采取一切可能措施营救两名受害者，当地警方和安全部队当晚即展开追捕行动。警方怀疑此系菲律宾南部恐怖势力阿布沙耶夫武装团伙头目因达玛领导的武装分子所为。该恐怖组织是伊斯兰传教士阿卜杜拉捷克于 1991 年创立的，主要在菲律宾南部苏禄群岛、巴西兰岛和塔威塔威群岛等岛屿从事分裂活动，不时诉诸绑架勒索。

分析评述：菲律宾恐怖暴力和绑架多发，并非投资理想地。也不宜因阿布沙耶夫恐怖势力不时绑架勒索，就轻易认为所有绑架案都是该团伙所为。武装人员自称菲缉毒局人员，恰恰是力图掩盖其真实身份。另据当地人士分析，该女老板十年前即与当地菲律宾人成婚，但母女二人均持中国护照。在菲律宾开办娱乐场所并非易事，需要依托当地政界和警方，且要利益分成。这母女俩被绑架很可能因卷入利益纠纷，赚钱容易招致羡慕嫉妒。

新疆程氏富商兄弟在俄遭遇同胞绑架撕票

案例梗概：2012 年 3 月，俄罗斯伊尔库茨克，来自东北的贾某、吉某、张某和谭某 4 人在租住屋谋划绑架富豪发财。张某提供了做玉石生意的新疆程氏兄弟的详细信息。随后贾某等前往踩点，准备绳子、匕首和高斯枪等作案工具。4 月 9 日，贾某驾车与吉某通过他人骗取并盗配程氏家钥匙，并在下午 4 时，安排吉、张、谭 3 人潜入程氏家中埋伏。等待期间，绑匪盗取程氏 120 万卢布交予楼下贾某。程氏兄弟刚进门，就被绑匪用高斯枪打倒，捆绑到贾的住处。次日凌晨，绑匪迫使程氏兄弟与家人联系，谎称在俄做生意急需400万元人民币，并用程氏手机发给其家人绑匪事先开具的银行账号。当程氏家人3次汇入164.6万后，绑匪遂撕票抛尸。4月11日，贾张2人正商量分赃时，被俄警方逮捕。当年12月，吉谭2人被中国吉林警方抓获。

分析评述：中国公民境外自相残杀不是个别情况。正如华人黑帮残忍横行不时见诸境外媒体一样，不少中国公民境外遭遇凶杀和绑架案例都有同胞卷入。有些中国公民在国内就缺乏必要的生存技能，幻想出国淘金，遭遇挫败后穷困潦倒，便铤而走险。中国人出境后语言沟通不畅，心灵孤独，往往老乡见老乡、两眼泪汪汪，有些乍富起来的中国人又自觉不自觉地炫富摆阔，便极易被暴徒“杀熟”。程氏兄弟被迫致电家人要钱时，本可设法告知警方，但他们显然事先缺乏防范意识，导致事发后措手不及，只能幻想破财免灾，结果落得人财两失。

中国驻阿根廷使馆参与指导解救被绑架华女

案例梗概：2012年4月14日晚，在阿根廷首都布宜诺斯艾利斯，华人超市业主黄先生派12岁女儿去为住在附近的顾客送货，久不见回，店主夫妇遍寻周围未果。当晚12点，黄先生接到陌生人电话，声称他女儿在他们手里，索要25万赎金。

第二天，黄先生向中国大使馆与华人超市工会反映女儿遭歹徒绑架，并在中国使馆官员与超市工会领导的支持和协助下，向警方报案。其间，黄先生还多次接到歹徒电话，每次都是催促他尽快筹钱，还威胁他说没有钱就别再想见到女儿。而黄先生也勇敢地告诉对方，绑架事件已经报告给中国大使馆和华人超市公会，如果女儿遭遇不测，对方决不会有好下场。经过几天僵持，歹徒把赎金金额降低到5万比索，但黄先生仍未妥协。绑架者不得不在4月16日通过电话告诉黄先生，他已经释放其女儿。事后获悉，绑架者确在当天中午释放黄先生的女儿，还交给她一张写有黄先生超市地址的纸条，告诉她自己拦车回家。黄先生女儿随后被巡逻警车发现，并被送到医院进行检查，在确定并未受到伤害后，送回与家人团聚。

分析评述：此案受害人利用绑匪既想发财又怕处罚的双重心理，依托中国驻阿根廷大使馆、当地超市公会和警方，对绑匪实施反高压，以不妥协态度迫使绑匪妥协，最终取得成功。中国驻阿根廷大使馆积极参与处突，对坚定业主信心发挥了重要作用。

如前所述，中国公民境外遭遇绑架的实际案例数可能是媒体公开报道的几倍甚至几十倍。那些规模企业或者实力雄厚，或者与投资目标国官方及上层关系密切，或者投资项目数额巨大，有能力展开营救。那些缺乏背景，或背景一般却拥有一定经济实力的受害人家庭，或担忧人质安全，或对警方失望，甚至怀疑警匪勾结，往往更倾向选择私了，而不是公开求助媒体、警方与领事保护机构。菲律宾参议员、参议院财务委员会主席依斯古礼洛曾明确表示，不少在菲遭绑华人压根就不报案，因为赎金不过 50—500 万比索，约合人民币 7—70 万。这种情况客观上助长了绑匪的嚣张气焰。

（3）盗抢

媒体报道，2004—2014 年，中国公民境外遭遇盗抢至少有 1407 人，国企员工遭遇盗抢案例只有 27 人，占比 2%。相比之下，包括个体经商户在内的民企人员遭遇盗抢的却有 740 人，占比约 53%。如图 40：

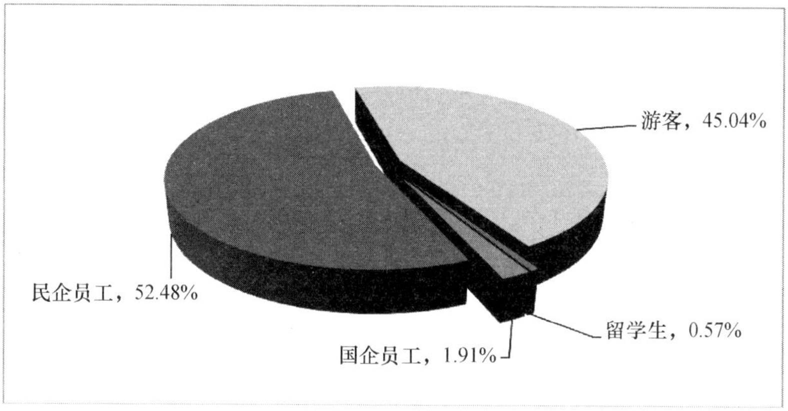

图 40　中国公民境外遭遇盗抢分类占比（2004—2014）

以年度为境外滞留时间单位，同期中国公民出境 1638 万人次，统计媒体报道遭遇盗抢人数 1407 人，被盗抢率约 0. 86/10000，即 86ppm。前述国企员工境外遭遇盗抢的风险率是 0. 11/10000。

民企员工 190. 68 万人，遭遇盗抢 740 人，被盗抢率是 3. 88/10000，即 388ppm，民企人员被盗抢率分别是国企员工被盗抢率的 35 倍、中国公民境外平均被盗抢率的 4. 5 倍。可见，民企员工是中国公民境外遭遇盗抢的重灾群体，国企员工遭遇盗抢的风险率最低。参见图 41。

如前所述，中国公民遭遇盗抢的高风险地区依次是拉丁美洲、欧洲、西亚和非洲、北美和大洋洲以及周边国家。既有中国企业走出去的重点目标地区，也有中国公民出境游的重点目标地。如，拉丁美洲主要是阿根廷。旅居该国的中国公民大约有 10 万人，开办超市的有 1 万家，针对中国公民经营超市的盗抢案多发。欧美特别是比利时等盗抢多发，因其是中国公民特别青睐的旅游目的地。见图 42：

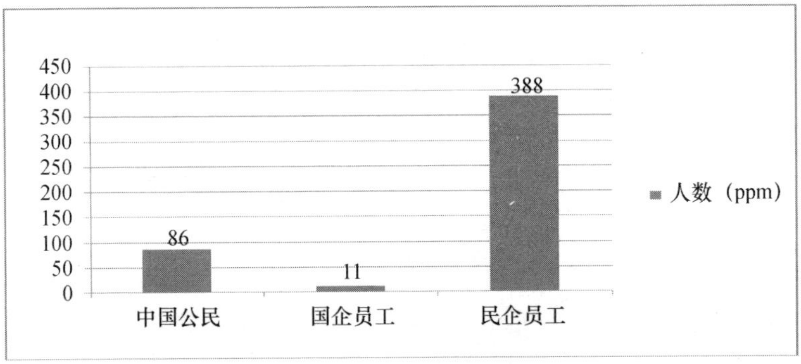

图 41　中国公民境外遭遇盗抢风险比较（2004－2014）

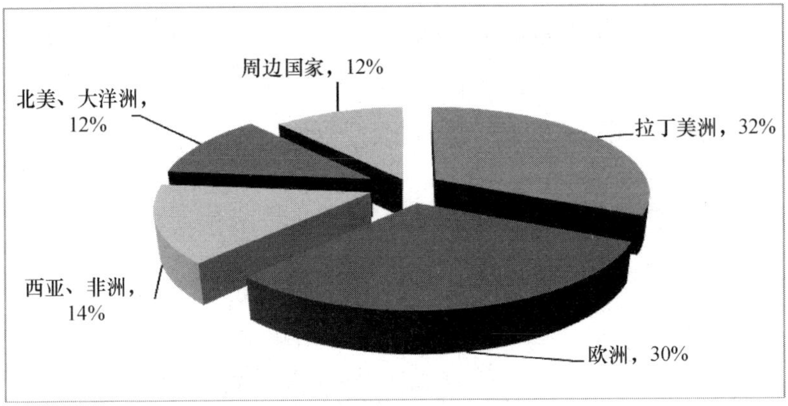

图 42　中国公民境外遭遇盗抢地区分布（2004－2014）

其中，典型案例如下：

南非骚乱致20多家华人店铺遭劫

案例梗概：2005年3月1日下午，南非罗斯敦堡市，1名酒气冲天的本地人到华人G先生经营的店内滋事并出口谩骂中国人，G先生随意推搡他一把，醉酒男子便倒地被玻璃扎伤。当时正值下班时间，引起不少民众围观，不明就里者认为华人殴打当地人，便趁机起哄。本已答应就医的醉酒男态度转而蛮横，引发2000人大规模骚乱，事件持续了3个多小时，现场1辆汽车被烧，2辆汽车被砸，20多家华人商店被洗劫。保安鸣枪直到打光子弹也无济于事，最后当地警方出动数十名警察才将事态平息。事发后，中国使馆一秘李军奉命立即驱车赶到事发地，拜会警察局长。警察局长允诺有需要可直接寻求帮助，确保当地华人生命财产不受损害。不久，华商便恢复营业。

分析评述：据当地知情人士和中国外交官员分析，小小口角引发大骚乱，主要原因是缺乏沟通。一是当地不少华人受教育水平低，语言能力差，沟通有障碍。二是这些华人认为当地司法效率太低，对当地政府不信任，遇事也不愿寻求司法解决，使歹徒更加猖獗。三是华人不愿融入当地社会，不愿意捐款救助当地穷苦百姓，导致心理隔阂。骚乱过后很快恢复营业，得益于大多数商家都已购买保险，能够最大限度地降低损失。

2名中国富商俄罗斯遭遇惊魂

案件梗概：2013年8月22日，莫斯科伏尔加格勒大街48号附近，2名罪犯围住一辆奔驰汽车，并开枪打碎车窗玻璃，抢走车内2名中国公民的钱包，劫走1600万卢布，折合人民币296.7万元。事发后，当地警方立即展开追捕，很快成功逮捕2名塔吉克人罪犯。

分析评述：近十多年来，俄罗斯经济社会整体发展状况并不太差，社会治安状况却始终未见根本好转。除贫富悬殊外，中亚诸前苏联加盟共和国经济状况恶化，大量流窜人员滞留俄境，伺机作案，增加了俄社会治安形势的复杂性。中国公民前赴后继地赴俄经商，获利颇丰，豪车名装，张扬阔气，容易招惹是非。尤其大量中国商户俄语能力有限，通过银行存款和转账多有不便，更倾向选择随车随身携带大量现金，也诱使暴徒铤而走险且容易得手。此案受害人遇事冷静，不贸然反抗，得以避免人身伤害等极端情况发生。

（4）灾害

如前所述，境外自然灾害殃及中国公民的发生率不高，但危害却相当大。媒体报道，包括印度洋地震引发海啸、海地大地震、日本地震引发的福岛核泄露、哈萨克斯坦泥石流等重大自然灾害，导致境外中国公民伤亡 148 人（死 122 人，伤 26 人）。其中，国企员工 13 人，游客 73 人，其他（军人和学生）9 人，民企员工 53 人。中国籍民企人员是遭遇境外自然灾害的重灾群体。如图 43：

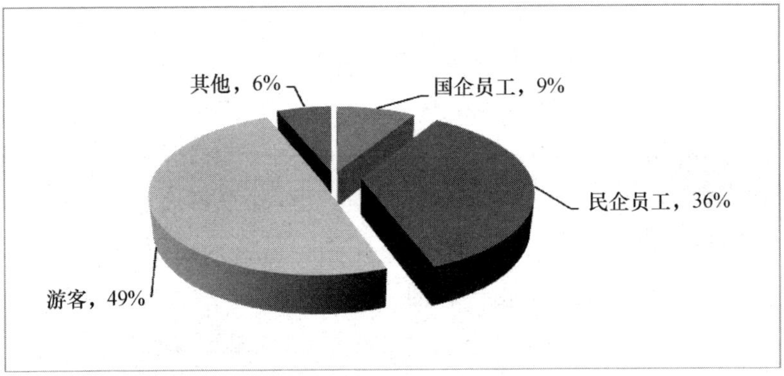

图 43　中国公民境外遭遇自然灾害分类占比（2004—2014）

中国公民境外遭遇灾害的风险率是百万分之九，即9ppm。游客境外遭遇灾害的风险率是百万分之七，即7ppm。国企员工境外遭遇灾害的风险率是百万分之五点五，即5.5ppm。民企人员遭遇灾害的风险率却是百万分之二十八，即28ppm。参见图44：

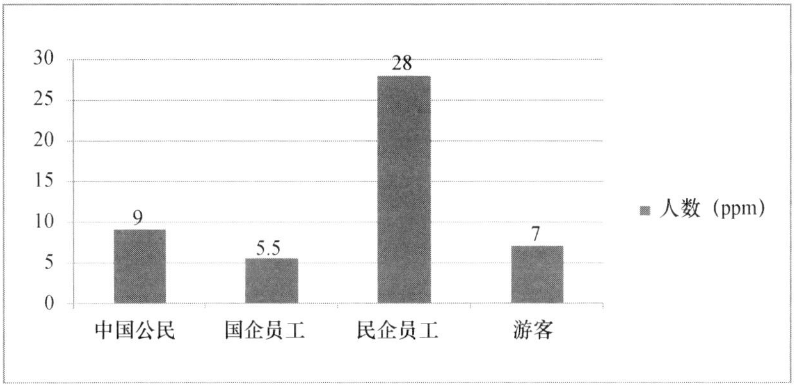

图44　中国公民境外遭遇灾害风险比较（2004—2014）

3. **特点成因**

（1）特点

民企与国企两类员工遭遇的境外安全风险有共性，也有个性。其共性有二：

一是涉恶性案件数量大。国企和民企员工遭遇暴恐伤亡分别占中国公民境外遇袭伤亡人数的19%和37%，合并占比56%。遭遇绑架的人数分别占中国公民境外遭遇绑架人数的43%和50%，合并占比93%。

二是安全分布有区域性。与国企员工一样，民企人员遭遇暴恐和绑架伤害的案件多发地依次是周边国家、西亚非洲，其次才是拉美和欧美地区。

其个性有二：

一是民企员工较国企员工涉风险范围大。国企员工遭遇的主要安全风险是暴恐伤亡和绑架，盗抢很少，自然灾害风险占比也不高。民企员工遭遇暴恐、绑架、盗抢和自然灾害伤害的人数分别是中国公民遭遇这四类风险总数的 37%、50%、53% 和 36%，最低也超过 1/3。

二是民企员工较国企员工更具脆弱性。一方面，在中国公民境外遭遇暴恐、绑架、盗抢和自然灾害这四类风险伤害的总人数中，民企员工遭遇风险所占的比重分别高出国企员工 18、7、51 和 27 个百分点。见图 45：

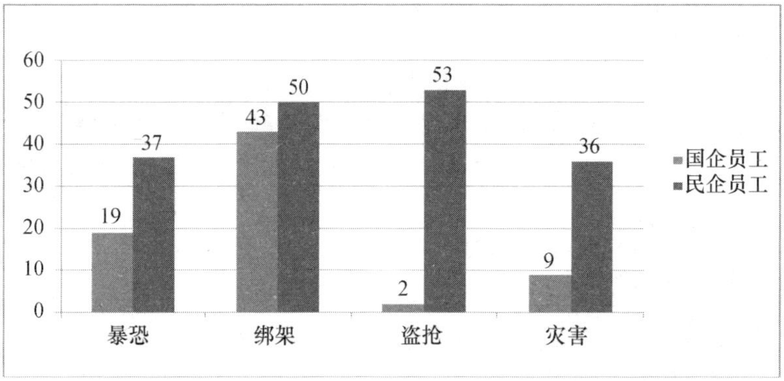

图 45　国企民企人员境外遭遇风险占比（2004—2014）

另一方面，与国企员工乃至中国公民境外遭遇安全风险的总体情况比较，民企员工遭遇境外安全风险的比率（按百万分之几）明显偏高。见图 46：

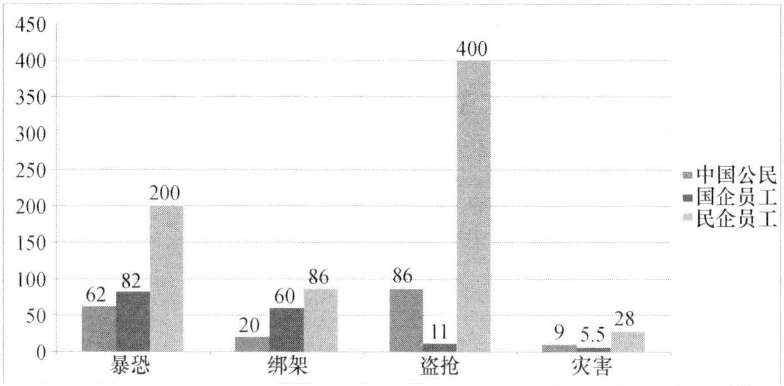

图 46　中国公民境外风险率比较（2004—2014）

三是民企员工遭遇高危案居高不下。无论是绑架发案数还是暴恐伤害数，均未形成明显渐减态势。这或许说明，中国党和政府强化境外公民安保的诸项措施对各类民企的作用可能并不像人们期待的那么直接有效。

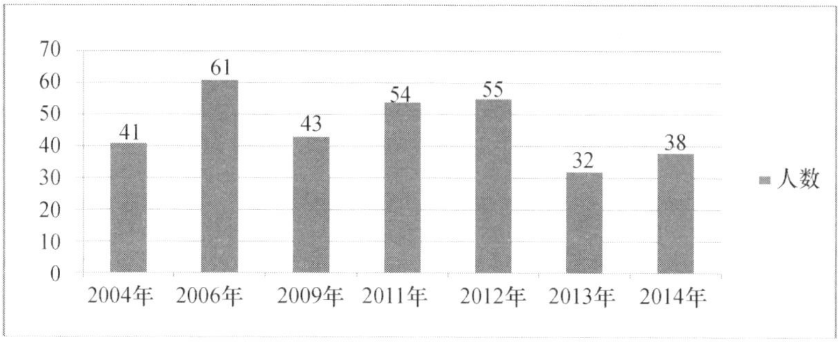

图 47　民企员工境外遭遇暴恐高发年份（2004—2014）

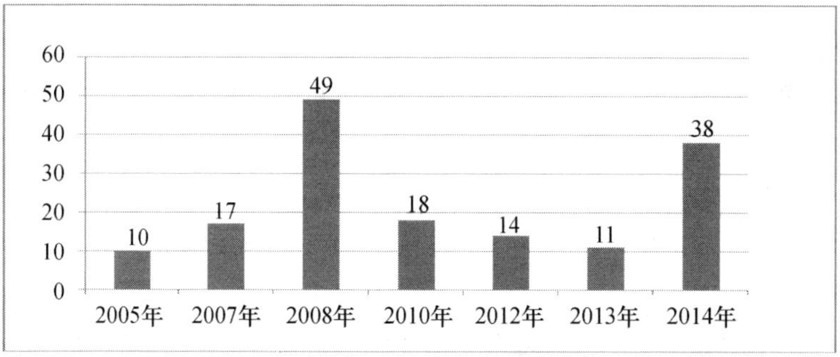

图48　民企员工境外遭遇绑架高发年份（2004—2014）

（2）成因

第一，民企员工与国企员工遭遇境外安全风险的共性源于二者其他共有或相近属性。一是民企与国企都是投资主体；二是其主要投资活动都在周边国家、西亚非洲以及拉美等发展水平低、治安状况差、安全风险高的发展中国家，涉险范围与概率大；三是各级政府维护公民境外安全的力度不断加大，境外民企和员工安全防范意识有所增强，但中国民企对外投资持续大幅增长，而且超过国企对外投资增长幅度，民企员工面临的境外安保形势并未根本好转。

第二，民企员工境外安全风险的个性源于其诸多独特性。一是民企规模、技术水平参差不齐，产业分布与经营地域广，涉险范围大，风险概率高；二是大量小规模民企尤其是个体商户，深入投资地社会内部，甚至是最基层角落，独立经营，分散居住，又不主动寻求当地领事保护机构帮助，缺乏可靠的政治与安全依托，势单力薄，容易露富，招致觊觎，风险意识差，安全投入少，防范能力弱，特别容易遭遇暴恐伤害、绑架和盗抢。

（三）中国游客境外安全风险分析

旅游是围绕人们往返居住地和目的地从事休闲、商务和公务活动逐渐形成的产业与市场。

游客是需求方，包括交通、住宿、饮食、景观等在内的服务是旅游资源，组织旅游服务是供应方。旅游包括生产、分配、交换与消费过程。

游客是旅游市场的消费主体。一国公民参与世界旅游市场活动的规模反映着该国的经济发展状况、国际经济地位和人民生活水准。因此，中国公民出境游是中国人拥抱世界最亮丽的景观。

据国家旅游局和中国旅游研究院统计，2012 年，中国公民出境游 8318 万人次，同比增长 18.3%，超过美、德，成为全球最大旅游需求方。2013 年出境游 9819 万人次，同比增长 18%，境外消费 1287 亿美元，同比增长 26%。据最新统计，2014 年出境旅游人数达 1.17 亿人次，境外消费 1550 亿美元，同比增长 20%。究其原因，部分与国内环境污染严重、签证手续简化及人民币持续升值等相关。2009 年，中国旅游业首次出现逆差 40 亿美元。尔后持续增长，到 2013 年，逆差 769 亿美元。中国十一国庆黄金周居然成为世界旅游黄金周。

中国游客境外安全风险由此成为举世瞩目的问题。

1. 人员分类

随着交通工具日趋发达，国家间交往日益频密，旅游分类渐趋细化。综合来看，中国公民短期境外游大致可按如下情况分类。

按旅游方式分，有团队游、自助游、单项委托游。团队游指通过签订服务合同的方式，游客从旅行社购买包括交通、住宿、饮食、导游观光等旅游服务。自助游指游客不依靠旅行社团等中介提供服务，完全自主地选择服务与消费。单项委托游是上述两项的折中，指将交通或住宿等某项服务委托旅行社提供，其他自理。

按旅游目的划分，有观光旅游，即走马观花般地游览名川大山、文化古迹。有商务旅游，指商务人员以旅游的方式，进行商贸考察和谈判；政府官员和教授、医生等专业人员以旅游的方式，进行专项业务接洽，接受境外业务培训，进行学术交流等。有度假旅游，表现为那些忙碌紧张的富有都市人利用假期，前往异国他乡的森林、湖边、海边等清幽地点逸养休闲。

按旅游产品划分，还有近年新兴的生态旅游、农业观光旅游、体育旅游和文化旅游等新旅游类型。

2. 风险种类

上述旅游方式、旅游目的和旅游人员的多元化，导致中国游客境外安全风险的普遍化与复杂化。总体来看，与国企员工和民企员工相比，游客境外遭遇安全风险种类的轻重排序有所不同，交通事故和盗抢较为突出。

（1）交通事故

中国游客遭遇的境外安全风险首推各类交通事故。据不完全统计，2004—2014 年，中国公民各类群体境外因交通事故致伤亡总数多达 622 人（死 347 人，伤 275 人）。

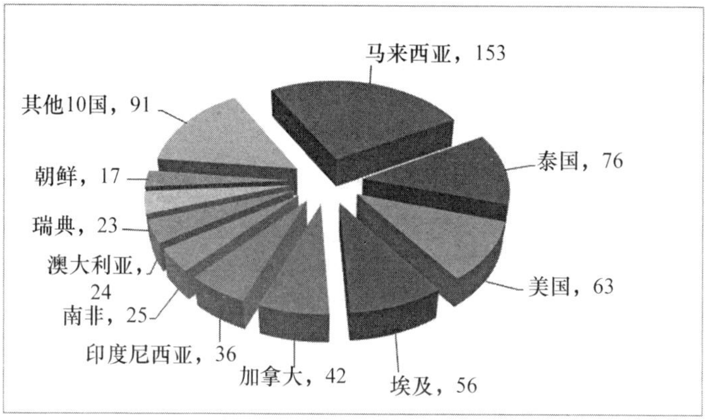

图 49　中国公民境外遭遇交通事故伤害要案国别分布（2004—2014）

其中，周边国家、欧美国家和西亚非洲是交通事故多发地。周边国家和地区居然占比高达 53.2%。见图 50：

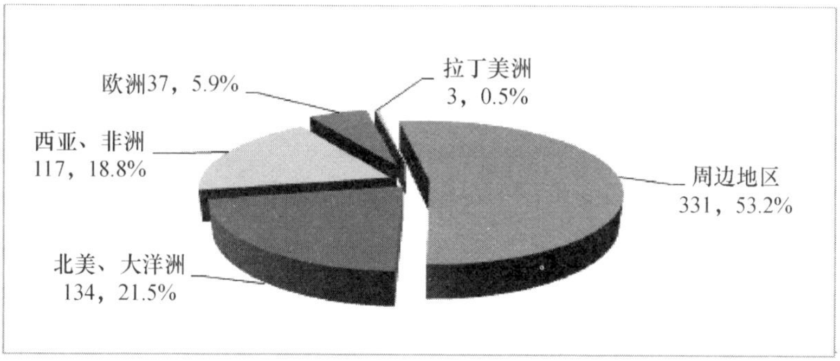

图 50　中国公民境外遭遇交通事故要案地区分布（2004—2014）

从交通事故受害者属性看，游客无疑是主体，其在公开报道的 622 名伤亡总数中，占比高达 74%。见图 51：

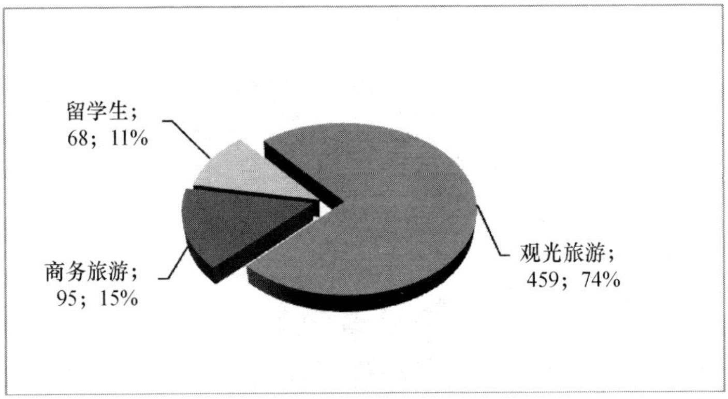

图 51　中国游客境外交通事故受害占比（2004—2014）

如何评估游客遭遇交通事故的风险发生率，乃是需要认真琢磨的问题。毕竟，与国企、民企员工和留学生相比，完全按人次计算并不合理，需要考虑境外滞留时间长短对风险率的影响。

如前所述，2004—2014 年，中国公民出境累计 5.5377 亿人次，扣除同期国企、民企员工和留学生滞留境外未归者，剩余 5.4793 亿人次。

考虑到计算国企、民企员工滞留境外是按年度时间计算，而多数观光和商务游客均滞留时间有限，比较风险率就需要折扣累计人次。按人均滞留 1 周计算，将游客累计折合成年度单位，则是 1053.7 万人次。再加上企业员工和留学生滞留未归数，总数是 1638 万人次。

交通事故致中国公民境外伤亡的 622 人，中国公民境外遭遇交通事故风险率便是 0.38/10000，即 38ppm。已知同期以年度为滞留单位的游客人数是 1053.7 万人次，观光旅游和商务旅游合并遭遇交通事故致伤亡人数是 554 人，风险率是0.53/10000，即53ppm。中国游客境外遭遇交通事故的风险率比中国公民境外遭遇交通事故的平均风险率高，交通事故无疑是中国游客境外遭遇的最常见且最严重的风险。

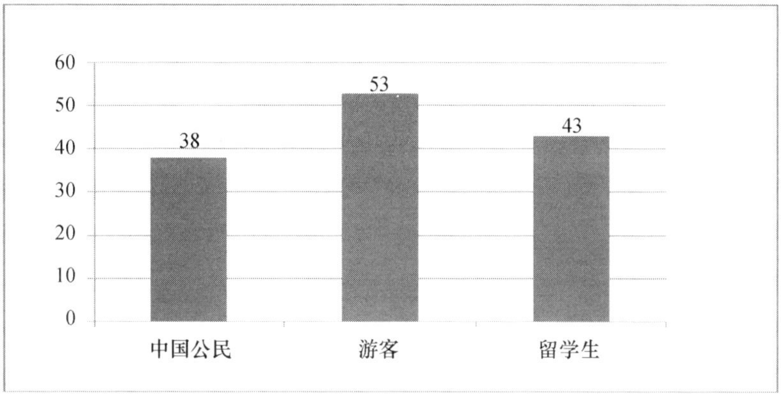

图52　中国公民境外遭遇交通事故风险比较（2004—2014）

（2）盗抢

中国游客境外遭遇的第二大安全风险是盗抢。事故多发地依次为拉丁美洲、欧洲、西亚非洲、北美大洋洲和周边国家。参见图53。

从受害人数量看盗抢案的国别分布，拉丁美洲主要是阿根廷和巴西，欧洲集中在比利时、法国、瑞典和意大利，西亚非洲主要是南非、安哥拉和埃塞俄比亚，北美大洋洲主要是美国和新西兰，周边国家主要是吉尔吉斯斯坦、马尔代夫、俄罗斯和菲律宾。参见图54。

总体来看，盗抢多发国几乎都是贫富悬殊、治安欠佳之地，也是中国观光和商务旅游的主要目标国，中国游客自然是盗抢的主要受害者。

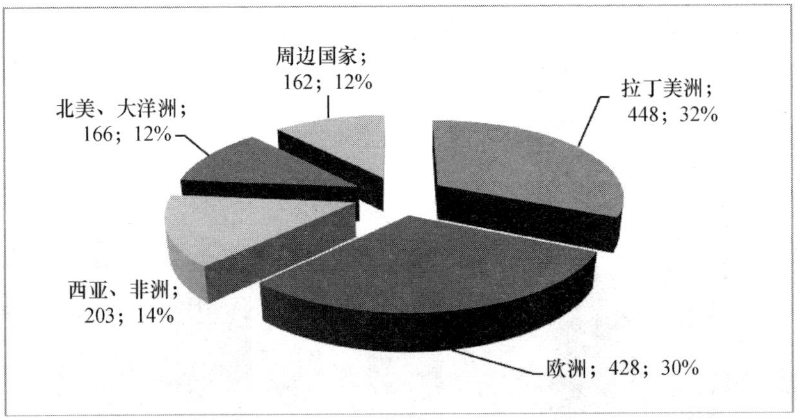

图 53　中国公民境外遭遇盗抢地区分布（2004—2014）

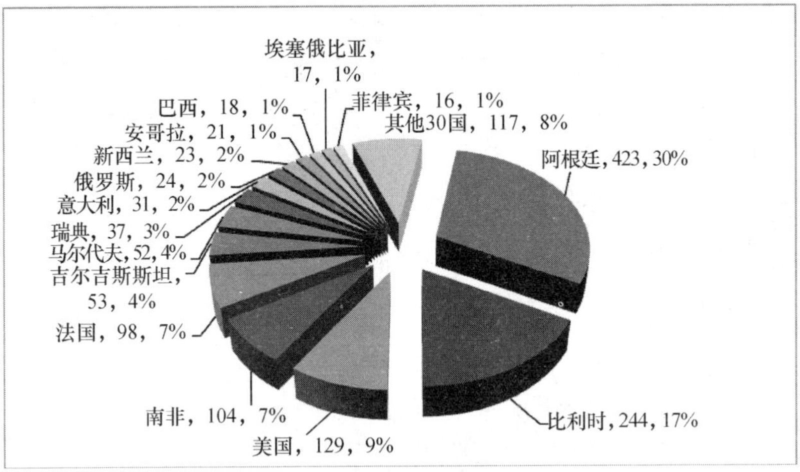

图 54　中国公民境外遭遇盗抢国别分布（2004—2014）

2004—2014 年，经媒体披露的中国公民境外遭遇盗抢总数是 158 起，1407 人。其中，游客被盗抢 632 人，占比 45%。见图 55：

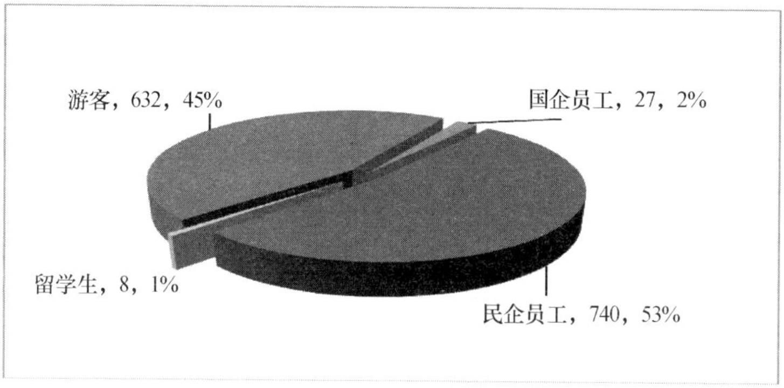

图 55　中国公民境外遭遇盗抢分类占比（2004—2014）

从遭遇盗抢风险率比较看，中国公民平均遭遇盗抢的风险率是 86ppm，国企员工遭遇盗抢风险率是 11ppm，民企员工为 388ppm，游客则是 60ppm。依媒体日常报道和坊间传说，中国游客境外遭遇盗抢似乎很多，可能是中国出境游客基数太大，遭遇盗抢的数量自然水涨船高。但从风险率看，游客境外遭遇盗抢的风险高于国企员工，低于中国公民更低于民企员工境外遭遇盗抢的平均风险水平。参见图 56。

（3）暴恐

相比国企员工和民企员工，出境游客也偶尔遭遇暴力恐怖伤害，最典型的恐怖案例是香港游客乘坐的旅游大巴在菲律宾遭遇高级巡警罗兰多·门多萨劫持，矛盾激化导致 9 人遇难，6 人受伤。详情参见前述案例介绍。

但是，横向比较，中国游客境外遭遇暴恐伤害的恶性案件并不特别多发。粗略统计，2004—2014 年，中国游客境外遭遇此类风险，伤亡 45 人，在中国公民境外遭遇暴恐伤害案

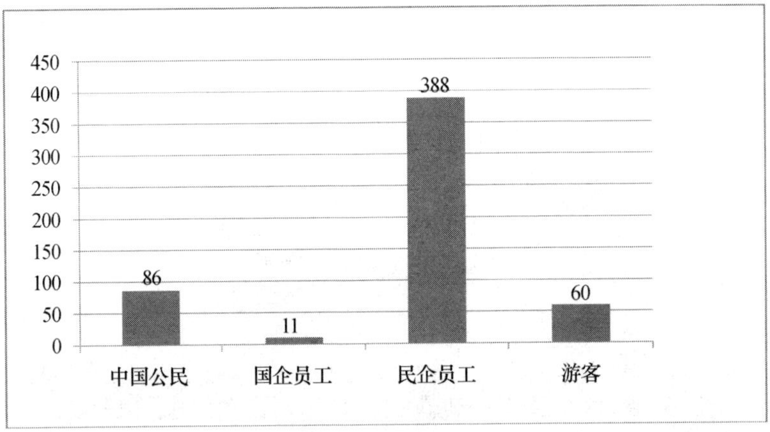

图 56　中国公民境外遭遇盗抢风险率比较（2004—2014）

例中占比只有 4%。参见图 57。

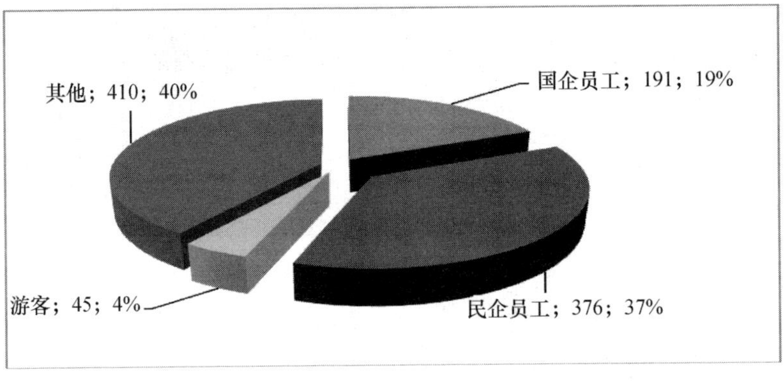

图 57　中国游客境外遭遇暴恐伤害占比（2004—2014）

就风险率而言，游客遭遇境外暴恐伤害的风险率只有百万分之四，即 4ppm，属于中国公民境外遭遇暴恐伤害最少的群体。详见图 58：

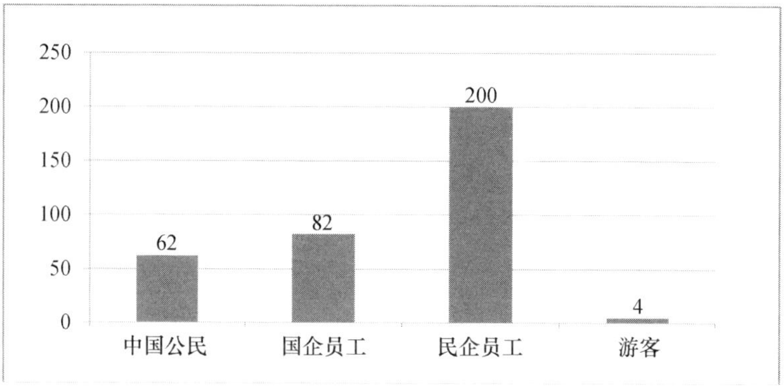

图 58　中国游客境外遭遇暴恐伤害风险比较（2004—2014）

随着自由行或单项委托行呈现流行态势，这类游客境外遭遇暴恐伤害的恶性案件也有发生。案例是中国业余登山队员在巴基斯坦遭遇恐怖袭击。

中国登山者遭遇恐怖命丧雪域高原

案例梗概：2013 年 6 月 23 日，在巴基斯坦北部吉尔吉特地区，10 名外国游客在伽帕尔巴特峰的营地酒店遭武装分子袭击身亡，中国民间首次登顶乔格里峰的 2 名中国登山爱好者杨春风、饶剑峰和美籍华人陈宏路遇害。中国另一名登山者张京川侥幸脱险报警。除中国游客外，其他遇害者包括 1 名俄罗斯人、5 名乌克兰人和 1 名巴基斯坦当地导游。

吉尔吉特地区靠近喜马拉雅山脉，不少山峰是登山者的攀爬胜地，以自然美景著称。南伽峰是喜马拉雅山脉西端的一座山峰，海拔 8125 米，为世界第九高峰，地势险峻，居民很少，登山爱好者和探险者经常前往。因巴基斯坦安全局势恶化，赴巴外国游客急剧减少，旅游业受到很大影响。但吉尔吉特地区的安全局势相对较好，此前并未发生过类似事件。故而恐怖袭击发生后，引起多方震动。

中国驻巴使馆启动应急机制，联系遇害者家属，敦促巴方妥善处理中国人遇袭事件，保护在巴中国人的生命安全，并且严惩凶手。事发现场附近施工的中国路桥公司建设营地也加强安保措施。

分析评述：此乃典型恐怖袭击案例。据称，袭击者着当地安全部队服装，午夜闯入酒店叫醒熟睡游客并将其驱赶到室外后，冷血开枪。事发后，逊尼派武装组织“真主旅”和巴基斯坦塔利班都宣称对袭击事件负责。“真主旅”长期活跃在巴基斯坦北部地区，与“基地”组织和塔利班关系密切，曾经制造多起针对什叶派穆斯林的袭击。巴基斯坦塔利班称此次袭击是由该组织不为外界知晓的分支所为，旨在报复当年 5 月塔利班头目大毛拉瓦利·拉赫曼遭美军无人机袭击身亡。因此，有国际问题专家认为，此次恐怖袭击似乎并非针对中国人。但像这种登山散客，如果巴基斯坦不掌握其行踪，就很难提供安保。这无疑向高危地区的散客旅游敲响了警钟。

（4）自然灾害

与其他安全风险相比，中国公民境外遭遇自然灾害的概率不高，伤亡人数只有 148 人，但在印度洋地震引发的海啸中伤亡的 73 人多属游客，游客占比接近 50%。这说明，随着中国公民出境游越来越多，迫切需要采取有效措施，确保其在旅游观光过程中尽可能地规避自然灾害。

（5）扣押

游客境外遭遇扣押时有发生。如前所述，依据媒体报道，粗略统计，2004—2014 年，中国公民境外遭遇扣押多达 4389 人，具体原因包括涉嫌非法移民、滞留、打工、开采、经营、偷渡、签证过期、违禁携带和经济法律纠纷等。涉案人员包括国企员工、民企员工、游客和留学生等。其中，中国游客出境游遭遇扣押 2568 人，占比高达 59%。参见图 59。

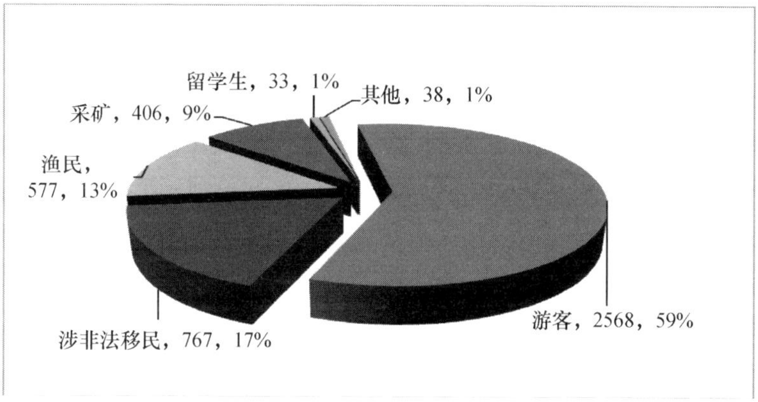

图 59　中国游客境外遭遇扣押占比（2004—2014）

从风险率看，本报告统计中国公民境外遭遇扣押共 4389 人。但渔民出海捕鱼并不涉及出入海关，很难纳入中国公民出境统计中，故渔民被扣押数不宜算到其中。统计分析游客风险率，就要扣除渔民遭遇扣押数即 577 人，剩余 3812 人，中国公民境外遭遇扣押平均风险率是 2.327/10000，约即 233ppm。包括观光和商务两大类游客总数 1053.7 万人，被扣押 2568 人，风险率是 2.479/10000，即约 248ppm。具体参见图 60：

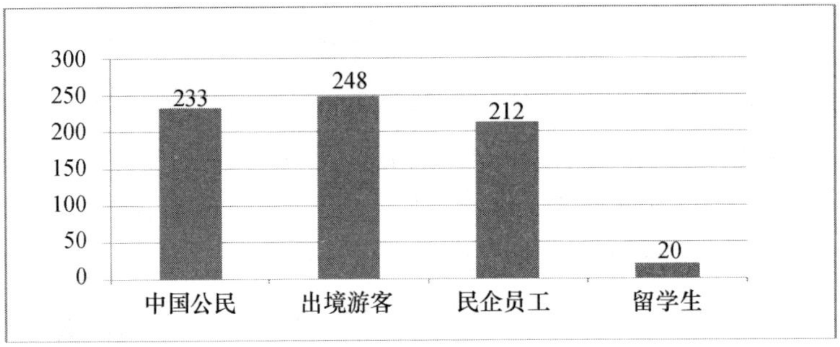

图 60　中国公民境外遭遇扣押风险比较（2004—2014）

除上述安全风险外，游客境外遭遇其他几类安全风险并不特别突出，甚至可以说是微乎其微。例如，粗略统计的 54 例强奸案中，游客受害者只有 5 人。游客境外遭遇欺诈的情况偶有报道，但数据量有限，不足以进行统计分析。

3. **特点成因**

（1）特点

通过上述统计分析，可概括游客境外安全风险特点如下：

第一，人身伤亡多由非刑事案件引发。影响中国游客境外安全特别是人身安全的首要风险是交通事故，多由旅游服务提供方工作疏忽失误引发，而不像国企员工、民企员工等群体那样容易遭遇暴力恐怖袭击的主观故意。

第二，财产损失多于人身伤害。中国游客境外遭遇的第二大安全风险是盗抢。相比绑架属有组织犯罪，动辄敲诈几十万甚至上百万美元，盗抢多属零星犯罪，涉及财物数量相对有限，多则几万美元，少则几十美元，以及护照证件等。

第三，限制行动多于人身伤害。游客境外遭遇的第三大风险是扣押。但扣押充其量短期内影响到游客的人身行动自由，一般不构成对游客的人身伤害。风险烈度同样较低。

（2）成因

结合具体案例，可见游客境外安全风险上述特点，概因游客群体及其行为方式具有特殊性。

第一，境外活动，多半在旅途。游客就是旅行者，多半都乘车、船、飞机旅行。这在很大程度上能够与其他社会风险相隔离，但面临的交通事故风险却比其他群体要多得多。

第二，游客炫富，易成盗抢目标。无论是观光旅游还是商务旅行，旅客均非贫困弱势群体。中国改革开放 30 多年，中国游客不乏穷人乍富心态。中国公民出境游通常有两大目的：一是观光游玩；二是猎奇购物。旅游目的地又往往存在贫富悬殊、治安欠佳等情况，不法分子自然瞄准中国游客伺机作案。

第三，违法违规，侥幸心理作祟。中国游客境外遭遇的第三大风险是被扣押。从非法移民、非法滞留、非法开采到违禁携带，有些是出境游客法制观念淡漠，对当地法制法规不熟悉，有些则是明知故犯。例如，十年来，有 41 人被印度海关扣押，概因非法携带檀木出境。

（3）思考

近年来，出境游已经超过入境游，成为中国旅游市场的“新常态”。随着人民币稳步升值，中国出境游人数还将大幅度攀升。中国公民出境游实际是输出消费，有助于旅游目的地的经济社会发展。因此，出境游是中国影响、拉动世界经济增长的新路径。如何适应中国旅游市场的这种新变化，在推动各类旅行中介完善服务、推动旅游目的国加强旅游市场管理的同时，大力加强中国体制内外安保力量建设，着力培育安保市场机制与规则，推进游客安保培训，努力实现文明出游、健康出游、安全出游，已刻不容缓。

（四）留学生境外安全风险分析

近年来，随着中国改革开放的深入，人民生活水平的提高，中国出国留学人数持续攀升。据教育部统计，仅 2014 年度，中国出国留学人员总数就达近 46 万。从 1978 年至 2014 年底，中国各类出国留学人员总数达 351.84 万，乃世界第一大留学生输出国。

随着留学人数的增加，各种留学生安全事件也层出不穷。2014 年 12 月，在全国留学工作会议上，国务院副总理刘延东作出“安全留学、健康留学、文明留学、成功留学”的重要指示，这是中央领导第一次明确地将安全问题放在留学工作的首位，反映了党和国家对留学生海外安全的高度重视。

中国留学生海外安全风险成为举国上下共同关心的问题。

1. 人员分类

留学自古就有，且随着生活水平的不断提高，人们思想意识的日益进步，留学分类也渐趋细化。从总体来看，中国留学生出国留学大致分如下情况：

第一，按留学性质划分，有公派留学和自费留学两种。公派留学是非私人性质的留学行为，由国家向公派留学生提供资金资助，国家留学基金管理委员会负责国家公派留学工作的具体实施。自费留学是私人性质的留学行为，是留学生使用本人、直系亲属提供的资金或国外奖学金，到国外院校学习。

第二，按留学期限划分，有短期留学、中期留学和长期留学三种。短期留学，期限为3—6个月；中期留学，期限为6—12个月；长期留学，期限为12个月以上。个人选择何种期限的留学，由留学生个人（公费留学需所属单位同意）申请，能否如愿则取决于意向学校是否录取以及学校所在国是否发放签证。

第三，按留学目的划分，常见的有中学留学、大学留学、研究生留学（硕、博）这几种。中学留学是指在国内初中或高中未毕业就出国留学，此类留学生年龄一般都在18周岁以下；大学留学是指在国内高中毕业后出国就读本科学位，此类留学生年龄一般在18周岁左右；研究生留学是指在国内大学本科毕业后出国就读研究生学位，此类留学生年龄一般都在20周岁以上；博士留学指获得硕士学位后在国外就读博士学位，此类留学生年龄一般在25周岁以上。

2. **风险种类**

留学人员性质、国家、地区的多元化，造就了中国留学生境外安全风险的普遍化与复杂化。从总体看，与其他种类的出境人员相比，留学生遭遇境外安全风险种类的排序及占比有所不同。

从图61可以看出留学生在境外遭遇的安全风险中以暴恐伤害和交通事故最突出，分别占到整个留学生境外安全风险总数的41%和23%；其次为盗抢8%、性侵7%、自杀6%、涉毒6%，失踪和拘押各占3%，欺诈、自然灾害和酗酒各占1%。

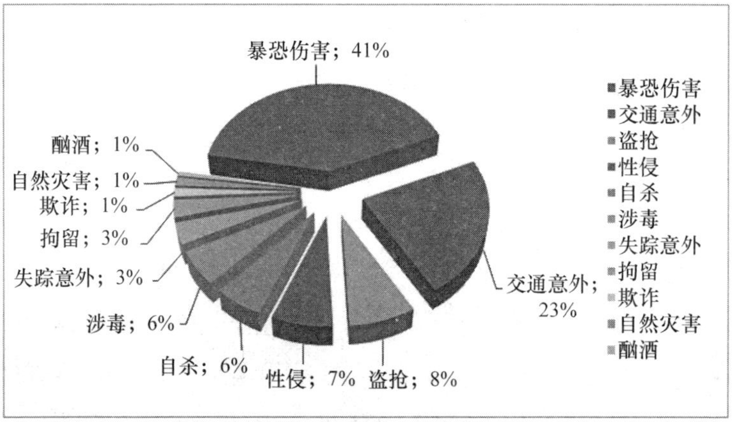

图 61　中国留学生境外安全事件统计（2004—2014）

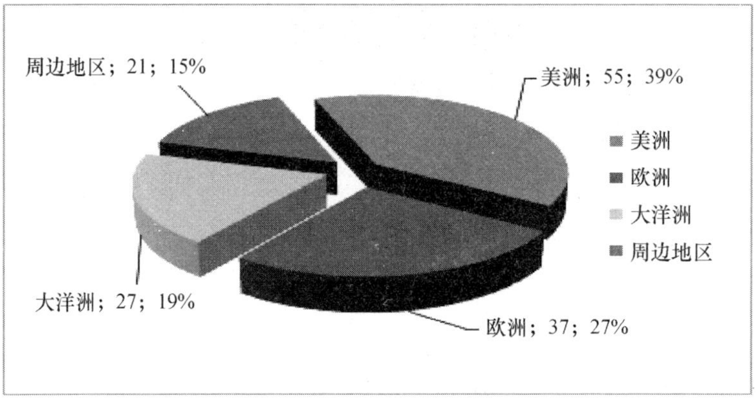

图 62　中国留学生境外安全事件地区分布（2004—2014）

从事件发生地区看，美洲和欧洲是留学生安全事件多发地，其次为大洋洲和中国周边地区。

从事件发生国家看，留学生安全事件多发生在美国、澳大利亚、日本、英国、加拿大、俄罗斯、法国、新西兰等发达国家，其次为中国周边国家和其他欧洲国家。参见图 63。

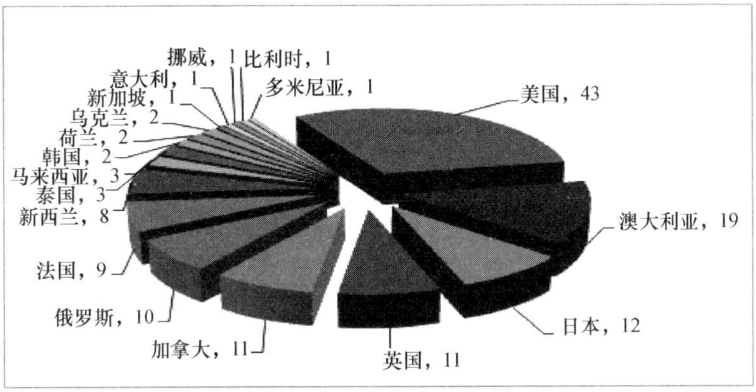

图 63　中国留学生境外安全事件国别分布（2004—2014）

总体来看，安全事件多发国几乎都是留学人数较多的国家，也是中国学生留学的主要目标国。

（1）暴恐

暴恐伤害是中国留学生在境外遭遇最多的安全风险，也是危害最为突出的安全风险。据统计，2004—2014 年，中国留学生在境外遭遇此类风险的伤亡人员共有 160 人，平均每年有 16 位留学生会遭遇此类风险伤害。

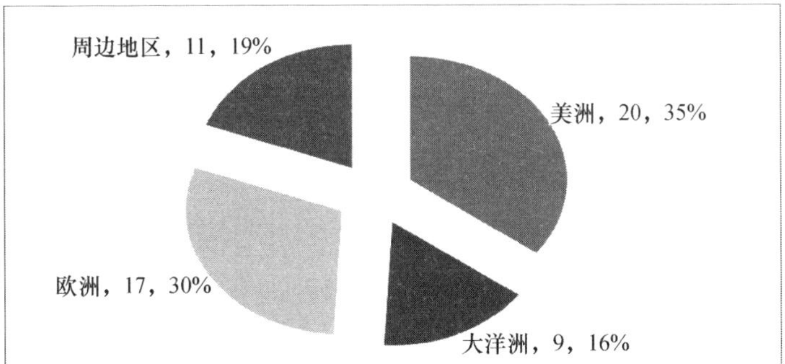

图 64　中国留学生境外遭遇暴恐要案地区分布（2004—2014）

从事件发生地区来看，美洲和欧洲是留学生安全事件多发地，分别占到案件总数的35% 和30% ，其次为中国周边地区和大洋洲，分别占 19% 和 16% 。参见图 64。

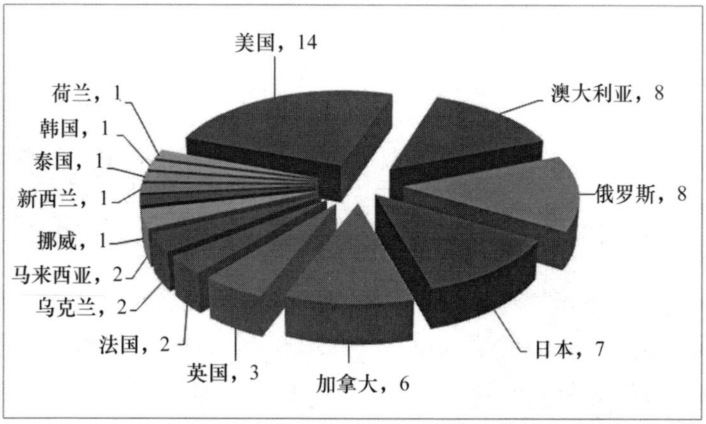

图 65　中国留学生境外遭遇暴恐案件国别分布（2004—2014）

从事件发生国家看，留学生遭遇的暴恐威胁多发生在美国、澳大利亚、俄罗斯、日本、加拿大、英国、法国等经济与教育都比较发达的国家，其次为中国周边国家和地区。

从总体来看，留学生比较集中的地方发生暴恐事件的可能性明显高于留学人数比较少的地方。

（2）交通事故

交通事故是中国留学生遭遇最多的第二大类境外安全风险。据不完全统计，2004—2014 年，中国公民在境外因交通事故致伤亡总数多达 622 人（死 347 人，伤 275 人）。其中，留学生伤亡总数为 70 人，平均每年会有 7 位留学生遭遇交通事故伤害。

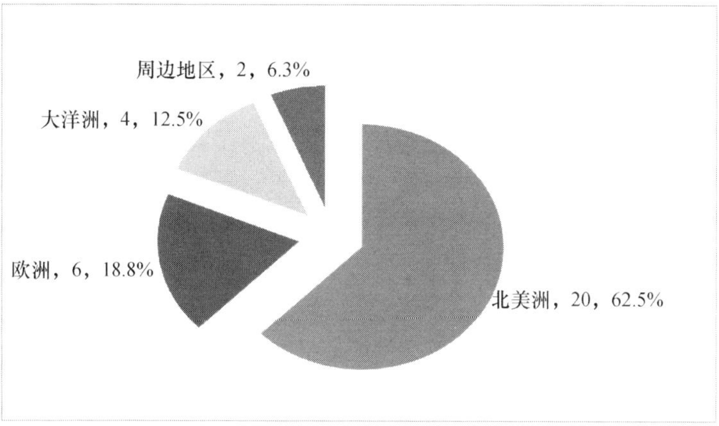

图 66　中国留学生境外交通事故案件地区分布（2004—2014）

从图 66 可见，北美洲是交通事故发生次数最多的地区，占到整个交通事故总数的 62. 5%；其次为欧洲、大洋洲和周边地区，分别占 18. 8%、12. 5% 和 6. 3%。

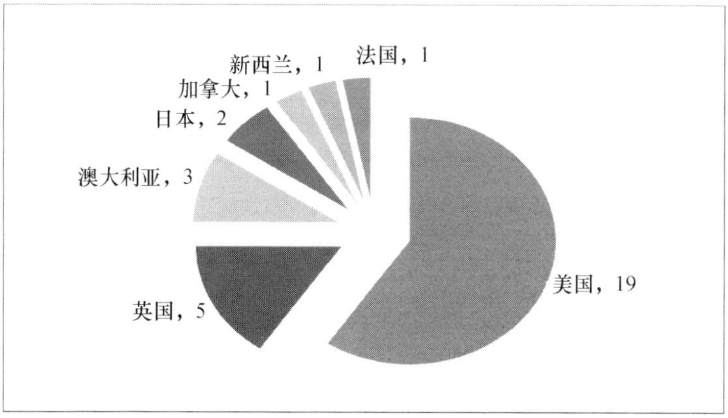

图 67　中国留学生境外遭遇
交通事故案件国别分布（2004—2014）

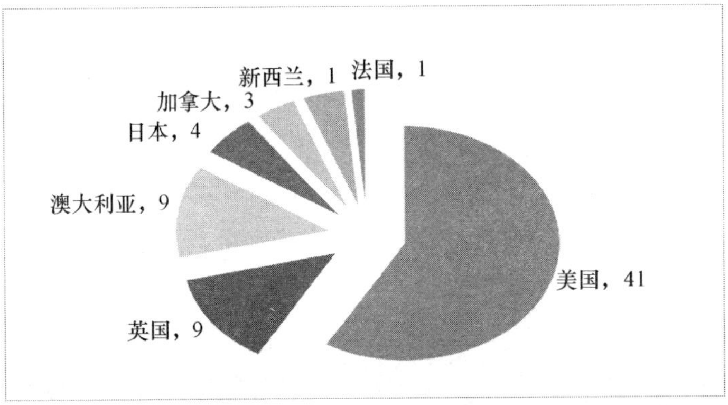

图68　中国留学生境外遭遇
交通事故伤亡人数国别分布（2004—2014）

从交通事故案件数和伤亡人数的国别分布来看，美国既是交通事故发生次数最多的国家，又是交通事故伤亡人数最多的国家；其次分别为英国、澳大利亚、日本、加拿大、新西兰等，交通事故案件数和伤亡人数的排名顺序无任何差别。究基本原因：一是这些国家都是发达国家，车辆普及率高；二是在这些国家，中国留学生多；三是中国留学生多属年轻人，容易有不良驾驶习惯。

（3）盗抢

此乃中国留学生境外遭遇的第三大安全风险。从盗抢案发生的地区分布看，主要发生在美洲和欧洲地区。美洲主要是美国和多米尼加，欧洲集中在法国、比利时和意大利。详情参见图69、图70。

（4）性侵

性侵也是中国留学生在境外比较多见的安全风险，受害人以女生居多。性侵的后果，除身体和精神的双重伤害外，

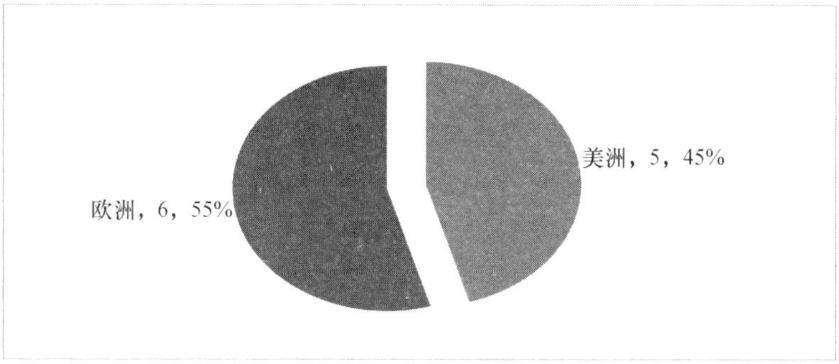

图 69　中国留学生境外遭遇盗抢案件地区分布（2004—2014）

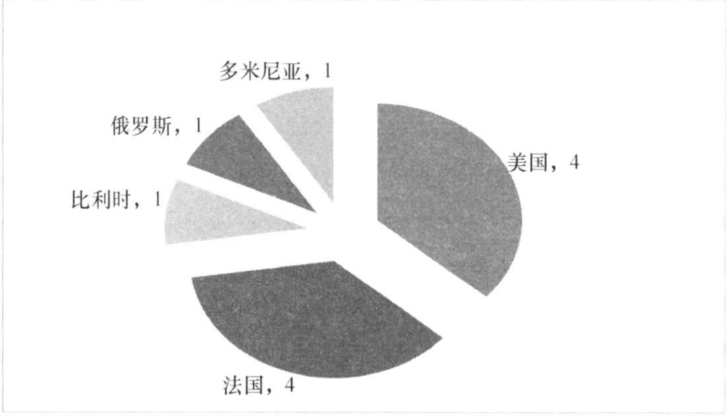

图 70　中国留学生境外遭遇盗抢案件国别分布（2004—2014）

还可能使受害者面临辍学、转学、厌学等问题。

从案件发生地区分布看，中国周边地区是性侵案件高发区，占总数的50%；其次为美洲、大洋洲和欧洲。参见图71。

从案件发生国别来看，性侵案件多发生在日本、美国，其次为澳大利亚、英国、新西兰、泰国、韩国和新加坡。参见图72。

（5）自杀

在中国留学生境外安全事件中，留学生自杀的概率比较

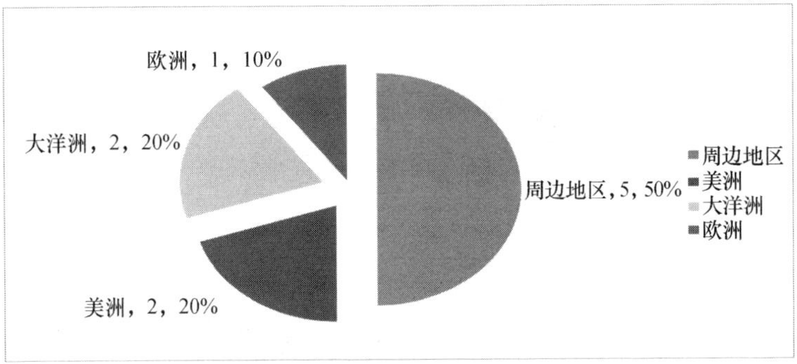

图71　中国留学生境外遭遇性侵案件地区分布（2004—2014）

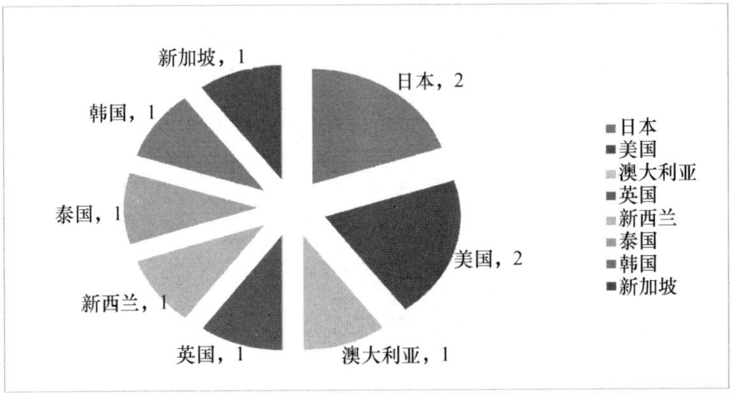

图72　中国留学生境外遭遇性侵案件国别分布（2004—2014）

低，共有8起事件。留学生自杀事件多是由学生自身学习压力大、情感不顺、精神异常等心理原因造成的。总体而言，中国人的心理抗压能力较强，但中国留学生由于年龄及社会环境等原因，心理调节能力相对较弱，不可等闲视之，更不能讳疾忌医。

（6）涉毒

在所有统计的留学生安全事件中，留学生涉毒事件也占了一定比例。大部分学生涉毒案件是由于自身无知或被人利用，携带或持有含有制毒成分的药物而引起。这说明留学生的安全意识与自我保护能力相对薄弱。

3. 特点成因

（1）特点

通过上述统计分析，可概括留学生境外安全风险特点如下：

第一，涉恶性案件数量较多。暴恐伤害、盗抢和性侵是中国留学生境外遭遇比较多的安全风险。留学生遭遇暴恐风险占比41%，遭遇盗抢占比8%，遭遇性侵占比7%，恶性案件风险总数占所有风险总数的50%以上。

第二，案件呈区域性分布。暴恐伤害发生地依次是美洲、欧洲、周边地区和大洋洲。盗抢发生地依次是欧洲和美洲。性侵发生地依次在周边地区、美洲、大洋洲和欧洲。

第三，案发国多为留学生密集国家。留学生安全事件多发的国家，绝大部分都是留学生人数比较多的国家，人多的地方发生安全事件的数量就多。

（2）成因

通过具体案例分析，可见留学生遭遇境外安全风险伤害较重，有以下几方面原因：

第一，安全风险意识薄弱。留学生是年轻人，天真单纯，对外部世界充满好奇，精力充沛，对留学所在国的复杂情况了解有限，缺乏忧患意识，对留学期间随时可能面临的安全风险缺乏足够的警觉，麻痹大意；即使经媒体或中介提醒，也往往存有侥幸心理。

第二，风险应对能力低下。国内学校未设安全课程，留学生未经必要的系统性安全培训，风险防范与应对技能严重不足。诸多案例表明，很多留学生遭遇的安全风险源于其自身的无知，本可以避免的伤害未能避免，或因一般性安全风险应对不当而招致严重人身伤害。

第三，安全保障与服务缺失。留学生旅居国外，多分散杂居，势单力薄。中国驻外使领馆教育处多年来做了大量工作，但因留学生人数多，分布区域广，领馆很难对留学生进行系统性安全培训，更难以提供必要的安全保障服务。

（3）思考

十年树木，百年树人。教育是实现民族繁衍、文化传承与国家发展的最重要途径。随着市场经济全球化不断深入，教育国际化日益成为综合国力竞争的重要环节。近年来，中国出国留学人数不断攀升，留学人员越来越呈低龄化趋势，留学生安全风险防范与应对问题日益急迫。实现“安全留学、健康留学、文明留学、成功留学”，需要有关各方深入反思，通力协作。既要发挥国家教育部门的体制优势，包括驻外使领馆教育处的独特作用，借助各类媒体特别是新媒体在保障留学生安全方面的渗透力，切实增强留学生的安全风险意识；也要加快安保市场培育，大力强化民间安保力量建设，为留学生及其家长提供咨询、培训、协助和救援等全覆盖式的安保服务。

四

中国公民境外安全风险应对，刻不容缓

导　读

（一）政府角色

应对公民境外安全风险是系统工程，政府主要通过领事保护机制，发挥核心与中枢作用。中国政府宜参照他国做法，总结既往经验，优化协调机制，强化预警机制，健全应急机制，加强队伍建设，推进领保立法。

（二）企业角色

涉外雇主与旅游等中介机构对境外员工和服务对象的安全负有直接责任。中国企业“走出去”起步晚、经验少，宜强化风险意识，加大安全投入，加强风险管理，大力培养安保专业人才。中国国企需发挥表率作用，民企须力戒侥幸与急功近利心态。

（三）传媒角色

社会管理需要借助信息传播。传媒在应对公民境外安全风险中的作用非同小可。中国传媒宜借鉴他国成熟做法，努力打造信息航母，弘扬传媒职业精神，开辟中国特色的智慧传媒道路，在应对公民境外安全风险中发挥更具建设性的作用。

（四）市场角色

市场对社会需求感知敏锐，反应快捷，成本低，效益高，在应对公民境外安全方面的作用不可或缺。与发达国家相比，中国安保市场严重缺位，安保需求海量，安保力量先天不足，外部同业竞争压力巨大，培育中国安保市场必须走质与量并重、规模与效益并重的道路。

（五）个人角色

在应对公民境外安全风险的系统过程中，个人既是风险危害目标、安保救助对象，也是责任主体。个人角色与作用集中体现在安全预知能力、风险防范能力和应急处置能力这三方面。政府部门、企业、学术团体、媒体和市场必须将塑造个人角色作为自身角色的落脚点。

在可预见的未来，中国与外部世界的关系日趋紧密是不可逆转的趋势，中国公民境外安全风险既具有紧迫性也具有长期性和复杂性。有效应对中国公民境外安全风险，既要立足长远，打持久战，避免急于求成和盲目蛮干；也要充分调动各方积极因素，整合资源，统筹兼顾，力求短期内遏制安全风险恶性发展的势头。

（一）政府角色

国家的根本职能是保护本国人民安居乐业。维护公民境外安全，是国家根本职能的逻辑延伸。应对中国公民境外安全风险，政府负有不可扫推卸的责任。

1. 政府职能定位

中国公民境外安全风险具有长期性、系统性和复杂性，需要系统性应对机制。在整个系统性应对机制中，政府居于核心和中枢地位，无可替代。

按照国际通行做法，各国政府概凭借领事保护机制，保护公民境外安全。依据 1961 年 4 月 18 日开放签署的《维也纳外交关系公约》，1963 年 4 月 24 日，联合国在维也纳签订《维也纳领事关系公约》。依据该公约，领事关系随外交关系而立，却不随之而废，即两国建交，自然建立领事关系，但断交并不意味着领事关系终结。

严格意义上的领事保护仅限于本国公民在领事派驻地遭遇危险和困难时提供救助，广义上的领事保护也包括向派驻地的本国公民提供安全预警等服务。

2. 外国政府经验做法

美英等西方国家政府在应对公民境外安全风险方面起步

早，经验多，机制健全，不少地方可供借鉴。

一是国家战略层面高度重视。发达国家多奉行包括经济安全、能源安全、粮食安全与反恐等在内的综合安全理念，高度重视人权，维护海外企业与公民安全多被纳入国家对外战略框架，且经常被纳入首脑外交的议事日程。美国总统克林顿曾为在新加坡涂鸦而被判鞭刑的 18 岁美国少年迈克尔·费伊求情，新加坡总理吴作栋称其看总统面子，减去两鞭，执行四鞭。英国首相布朗甚至为在华被捕的毒贩阿克毛求情免死。

二是相关机构设置完备。美国务院承担领事保护第一责任，国务院外交安全局特设海外安全顾问委员会。联邦调查局（FBI）和海军陆战队的反恐安全队（FAST）必要时参与救助，航空母舰编队必要时直接承担撤侨任务。1990 年海湾战争爆发后，英国就在外交部领事司设立应急处，专司应对海难、空难、地震、火山爆发等突发事件。后在领事司设立常设危机处理小组，开设全天候值班电话，与国防部、英军联合总部保持密切联系，确保危急时刻随时得到军方增援。2002 年巴厘岛爆炸事件后，常设危机处理小组升格为领事应急中心，并成立全天候待命的快速部署小组。日本常设性领保机构有内阁府官房危机管理参事官室、外务省大臣官房危机管理参事官室和外务省领事局海外公民安全课紧急事态班。临时性机构是根据事态的影响、规模和危害性等，在内阁府和外务省或者只在外务省设立的“紧急对策本部”。内阁府“紧急对策本部”通常由内阁总理大臣或内阁官房长官牵头，各政府部门配合。外务省“紧急对策本部”由外务大臣牵头，各司局配合。2004 年 1 月，外务省官房长官下增设官房危机管理调整室，主要负责危机情况下各相关部门之间的协调工作。此外，日本外务省还设立许多专门的机构为保护海外日本公民服务。海外国民安全科负责海外日本人安全保护及相关政策、措施制定；海外国民恐怖对策室负责制定政策及保护与恐怖事件相关的海外日本公民安全；国际情报局负责搜集全球安全信息。

三是危机应对机制高效运作。美国务院海外顾问委员会的职责就是促进企业与政府安全合作，下设诸多附属机构，搜集和发布各类海外安全信息。美还在境外建有民防系统（Warden System），通过民防队员，向当地美国公民传达使领馆的紧急信息和相关安全信息。国务院设有安全旅行登记网，美国公民可在国务院和驻外使领馆网站的公民登记栏目登记，记录境外旅行路线和住址，方便服务与救助。英国外交部通过开展与其他政府部门、非政府组织、媒体和商业机构合作，共同维护境外公民安全，特别是与企业联合会合作，提供海外企业安全信息服务。1992 年，日本政府始在亚洲、中南美洲、中东和非洲建立安全顾问小组，方便日本驻外使领馆官员和当地日本人社区的联络和信息交流；1993 年开始提供海外安保信息（the Overseas Security Information Fax Service）；1999 年 11 月在所有驻外使领馆开设“支援日本企业窗口”，提供信息咨询，协助解决商业纠纷。此外，发达国家都通过各类媒体向境外公民提供安全预警信息。法国驻非洲某些国家使馆有 24 小时广播，无事播音乐，危急发预警。

四是法律法规健全。美英等发达国家都有保护海外企业和公民利益的法律法规。如英国对何时动用军队有明确法律规定；公民参加团体旅游，遇紧急情况，旅行社有义务帮助旅客撤回，否则将被撤销资质。根据规定，政府派军舰撤侨，属有偿服务，被救助者需要付费。

3. **中国政府角色建议**

中国政府角色大致经历了一个从无意识到有意识、从不自觉到比较自觉、从不完善到逐步完善的过程，任重而道远。

改革开放前，中国对外交往有限，只签署过 3 个领事条约，设有 7 个驻外领馆。改革开放特别是进入 21 世纪，中国公民出境规模急剧膨胀，安全风险井喷，推动中国领事保护体制机制健全与强化。短短 10 年，中国外交部注重借鉴其他国家经验，锐意创新，领保体制机制建设获得长足进展。2004 年，外交部下设涉外安全事务司。2006 年 5 月 29 日，外交部领事司专设领事保护处，专门处理和协调中国海外公民个人和法人的合法权益保护问题。2007 年 8 月 23 日，领事保护处升格为领事保护中心，人员编制有所扩充，资源得到有效整合。随后，以境外中国公民和机构安全保护部际联席会议机制为核心，形成中央、地方、驻外使领馆和企业“四位一体”的工作格局。目前，中国驻外总领馆有 85 个，基本实现涉外突发事件应急处置工作的信息化、规范化和制度化，形成领事保护机制的系统化，风险预警、防范、处置的能力都有显著提高。

但也必须看到，最近十多年，中国公民境外安全风险突然来袭，令中国政府猝不及防，不少体制机制建设尚属急就章。总体来看，境外领保重应急处置，轻预警防范；协调指挥体制内还存在职责任务不清、信息共享渠道不畅、协调行动不力等诸多现象。

近中期内，中国与世界的关系将持续发展，中国公民境外安保需求压力也会有增无减，现存领保需求与救助能力的矛盾依然相当突出。着眼于未来中国公民境外安全风险的趋势与规律，总结经验教训，充分借鉴他国做法，进一步明确政府角色，有针对性地强化领保能力，仍然是不可回避的课题。

一是优化协调机制。目前，已由外交部牵头，建立起境外中国公民和机构安全保护工作部际联席会议制度，专司指挥协调境外重大领事保护任务，并经过几次大规模撤侨行动的检验。可借鉴美英等国做法，更加充分地整合各类资源，应当且完全有可能在各政府部门、智库等非盈利性组织、雇主企业和服务企业间搭建起高效合作平台。特别是要减少或避免协调指挥体制内职责任务不清、信息共享渠道不畅、协调行动不力等现象。

二是强化预警机制。凡事预则立，不预则废。实践证明，适时预警境外中国公民防范安全风险，能极大降低风险危害。多年来，中国外交部已能定期颁布《中国境外领事保护和服务指南》，宣传海外中国公民寻求领事保护的基本知识，了解和掌握中国公民在国外的情况并与其建立直接联络，以便及时提供领事保护和服务。每当飞机落地境外，中国移动全球通用户第一时间就能收到中国驻外领保机构发布的使领馆联系方式，令人颇感慰藉。但总体来看，境外领保重应急处置，轻预警防范。

未来，强化预警机制，还需依托各驻外领事机构和各大媒体驻外人员，跟踪、搜集、汇总相关安全信息，也可从专业安保公司购买信息服务，再通过加工、分析、研判，及时利用媒体特别是外交部和驻外使领馆网站预警。

三是健全应急机制。境外安全风险的突发性与复杂性，要求在做好预警防范的同时，大力强化风险处置，确保在风险发生时能有效应对，将危害减至最小。眼下，在国内相关部门、外交部相关单位及驻外使领馆，已经不同程度地建立了领事保护应急机制，包括成立应急小组，制订工作计划，确定联络方案，开设热线电话，保障信息畅通。从2004年4月救助在伊拉克被绑架的中国公民、同年12月救助印度洋海啸后的中国公民、2005年7月救助在马来西亚云顶高原受侮辱的中国游客、同年8月救助受困于美国中南部飓风的中国公民，到2011年2—3月利比亚3万多人大撤侨，都彰显中国领事保护应急能力有实质性增强。特别是2014年9月，“外交部全球领事保护与服务应急呼叫中心”正式投入运行，标志着中国领事保护体制机制提高到新水平。特殊情况下，中国也能派出部长特别助理或政府工作组前往事发地紧急交涉，敦促有关国家采取措施，切实维护海外中国公民合法权益。但也必须承认，近十多年来，中国公民境外安全风险大规模来袭，令中国政府猝不及防，不少体制机制建设尚属急就章，有待充实完善。

特别是要着眼于增强境外领保救助能力，适时逐步增强海外投送能力。毕竟，境外领事保护的效率还在很大程度上取决于海外投送能力的强弱。尤其面临突发性安全危机，需要进行大规模撤侨时，拥有足够的海外投送能力至关重要。美欧特别是美国拥有强大的海外投送能力，能够及时实施大规模撤侨。中国海外投送能力建设起步晚，进展慢，长期没能力也不谋求海外驻军，以致2011年利比亚冲突期间，我们不得不租用希腊客轮撤侨，另有79名中国公民搭乘希腊护卫舰撤离。放眼未来，随着中国国家利益和安全边界不断展延，中国海外投送能力需要逐步增强，似有必要调整不在海外驻扎一兵一卒之类传统观念与做法，积极与毗邻交通和战略要地的国家沟通协商，建立起某种海外救助网络，既为维护世界和平与安全提供更多的公共产品，也为履行境外领保职能提供强有力的物质技术保障。

四是加强领保队伍建设。一个国家领事保护的成功与否和水平高低，取决于该国的综合国力、政府履责意识与领保队伍素质，这三大要素缺一不可。改革开放30多年来，中国综合国力大幅提升；随着中国公民境外安全风险井喷式增长，中国政府履行领保的意识和意志水涨船高，中国领保队伍的素质也在实践中不断增强。但是，领保队伍的总体规模却长期停滞不前。2014年1月29日《环球时报》报道，中国驻外使领馆专门负责领事侨务工作者约600人，外交部数据称平均1名领事官为20万人提供保护。另有数据称，最近每年中国驻外领保机构处理案件4万多起，涉几百万人，每天发案近百起，每个领保官员年处理领保案件1.3万—1.4万人次。因此，不能长期依托半世纪前的领保队伍编制来应对21世纪的领保需求，必须尽快缓解领保队伍规模与领保需求不相适应的被动局面。

五是推进领事保护立法。1949年9月29日中国人民政治协商会议通过的《共同纲领》明确规定：“中华人民共和国中央人民政府应尽力保护国外华侨的正当权益。”1954年《宪法》第98条规定：“中华人民共和国保护国外华侨的正当的权利和利益。”《继承法》、《中国公民出入境管理法》、《归侨侨眷权益保护法》和《海商法》等法律文献都明文规定要保护海外中国公民的合法权益，但迄今尚未形成完整的《领事保护法》。实际上，当今世界，即使美欧等发达国家，也都没有领事保护立法实践可供借鉴。适应中外关系发展的最新形势，集思广益，制定专门的《领事保护法》，将使应对中国公民境外安全风险有法可依。

（二）企业角色

本部分所涉企业特指那些组织中国公民开展境外活动的经济实体组织：一类是雇主企业，包括承担境外建筑项目的公司、对外投资公司和对外贸易公司等；一类是中介公司，如组织境外旅游的旅行社、境外就业中介和办理出国留学的咨询服务机构等。维护境外中国公民安全，相关企业负有重要责任。

1. 企业职能定位

雇主企业与出境中国公民存在雇佣关系，中介机构与出境中国公民发生服务合同关系。他们在维护员工和服务对象境外安全方面负有直接责任，其角色与作用不可替代。况且，出境中国公民安全风险直接关系到企业经济效益，风险管理乃是企业管理的应有之义。

根据中华人民共和国《劳动法》，在中国境内设立的企业和个体经济组织必须为劳动者提供充分的劳动安全保护。在中国境内注册的企业，在对外投资、承揽境外项目时，对其中国籍员工同样负有保证其人身安全的义务。很多情况下，境外企业员工遭遇重大安全风险特别是人员伤亡，往往使企业蒙受重大经济损失，也有损企业形象，甚至导致投资经营失败。

2. 外国企业经验做法

美、英、日等发达国家普遍重视海外雇员安全，其做法大致有三：

一是建立海外安全合作网络。与本国政府部门、非政府组织以及私人安保服务公司建立合作关系，获取安全信息和有偿安保服务。美国企业从私人安保公司获得的有偿安保服务包括提供目标地安全环境评估报告、海外员工行前培训、海外员工当地安全保护等服务。例如，国际美慈组织（Mercy Corps）在派遣员工到高风险国家前，都请私营公司提供战术训练，包括如何应对宵禁和旅行限制，如何与当地人打交道，怎样与当地司机相处，以及危急情况下的通信程序。已知 iJet 公司使用日程管理软件和全球定位系统帮助企业确定员工行踪。目前，iJet 每年跟踪 1700 万人次的旅行。

二是强化安全风险预警防范。派遣员工前，日本雇主企业通常对派驻地的安全局势进行评估，在确定不会发生危及员工生命财产安全的情况下，才会作出派遣决定。同时，还要安排培训派遣员工，提供必要的安全信息，教授紧急情况的应对措施。此外，企业还为员工购买各种保险。当员工被派往欧美等发达国家时，雇主会考虑到这些国家的医疗费用高昂，为员工选择额度较高的医疗保险。

三是注重履行社会责任，实施本土化战略，与当地政府和居民建立良好关系，降低风险系数。乔布斯时代的苹果公司曾关闭多个慈善项目，2007 年被《斯坦福社会创新评论》

杂志讥讽为“全美最不仁慈的企业”之一。2011 年接替乔布斯担任苹果 CEO 的库克开始关注慈善事业。2013 年 4 月 20 日雅安地震，苹果捐款 5000 万元，并免费提供全新苹果设备。可口可乐公司积极在非洲推行预防艾滋病培训计划，并通过与政府和私营公司合作，为全球水资源挑战行动提供资金，以解决缺水地区人民的饮水问题。

3. **中国企业角色建议**

着眼未来中国与外部世界关系发展的大趋势，特别是中国企业更大规模“走出去”的历史命运，无论国企还是民企，都必须充分借鉴外国特别是发达国家跨国企业的成功做法，尽快摆脱境外安全风险管理起步晚、时间短、经验少，总体滞后于需求，管理体制机制相对稚嫩的局面，在维护境外中国公民安全风险方面，真正发挥主力军作用。

一要强化风险意识。中国企业乍出国门，对企业境外安全环境的严重性与复杂性缺乏充分估计，麻痹侥幸心理浓重。特别是最初几年，包括大型国企在内，绝大多数中资企业完全被“淘金梦”所驱使，长期习惯于国内社会安全状况，对境外投资地的社会安全状况调查欠细致，研究不深入，面对突如其来的境外安全风险往往缺乏心理准备，茫然不知所措。未来，中国企业必须确立起境外中国公民安全主力军的角色定位，把境外经营安全视为头等大事，要把驻地安全环境设想得严峻些、复杂些，完善保护措施，制定应急预案。宁可备而不用，警钟长鸣，不可麻痹松懈，遇急慌乱。

二要加大安全投入。成本核算管理是企业经营管理特别重要的环节。西方发达国家的安全经济学研究最早可追溯到

20 世纪 30 年代，故而西方企业特别是跨国企业普遍重视安全成本管理。安全经济学引起国内学术界关注，最早见于 1993 年中国地质大学教授罗云《安全经济学导论》一书。2000 年，国家经贸委安全科学技术研究中心研究员宋大成出版《企业安全经济学》（“损失”篇）。2003 年，西安科技大学田水承教授出版《现代安全经济理论与实务》。虽然有了这些理论，但安全经济学研究长期以来并未成为显学。实践中，中国长期未引入经济安全成本制度，安全成本无法记入财务报表。这种情况必然外溢到企业境外经营过程中。

有些企业在投资合作中忽视安全成本核算，缺乏安全风险评估和相应预案。一旦风险发生，往往惊惶失措，应对失当，造成不可挽回的后果。据媒体报道，有些对外投资企业为驻外员工购买保险后，拒绝当地政府和军警主动提供安全合作的提议；因为不愿意支付安全成本，后来反而付出了更多的资金，蒙受了更大的损失。

未来，中国对外投资企业必须充分意识到，预防性支出越高，生产过程越安全，事故损失的机会成本越小，最终安全成本越低，投资效益越高。要自觉将安全成本纳入经营管理过程，科学地、有计划地进行安全投入。中国企业要真正成长为现代化成熟企业，必须在安全成本管理上摆脱小农经营的思路和方式，走安全稳健的经营套路。

三要注重实施本土化。中国成长为世界性大国，中国企业也要相应地走现代化跨国经营之路。过往，相当多的中资企业忽视当地各方的利益平衡，与投资地民众的利益摩擦增多，冲突时有发生。有企业参与境外有利益争议的项目时，不遵循现代国际经济秩序和规则，习惯于国内那套暗箱操作，往往被商业对手和反华势力利用。有企业做成本核算时，忽视必要的法律责任和社会责任，缺乏社会成本意识，处理不好社会责任问题，只顾赚钱，急功近利，引起当地民众的反感，甚至成为当地极端势力攻击的目标。

全国政协委员、中华全国总工会原副主席、书记处书记徐振寰曾直言建议，境外中资企业要努力完成从境内公司到跨国公司的角色转换，在企业规章制度、用人、文化建设等方面，努力与当地有效衔接，避免唯利是图，南辕北辙。

四是强化风险管理。安全风险意识淡薄和安全投入不足，必然导致风险管理缺位。最初，中国对外投资企业实施本土化战略多属三心二意，缺乏经营安全环境的长期打算，不能主动有意识地参与当地经济社会发展。另一方面，绝大多数企业没有专门的风险管理机构，没有系统性、强制性的出境安全培训，更没有境外安全规程。例如，在巴基斯坦投资的某大型中资企业，虽然雇佣当地保安持枪守院，但大门进出缺乏严格检查，守卫形同虚设，不法分子大白天驱车闯入大院兜圈子踩点，如入无人之境。有投资非洲的中资企业员工在野外施工结束返回住处途中，提前让当地持枪保安下车，结果遭遇歹徒持枪绑架。因此，企业为有效应对境外安全风险、降低总体安全成本，必须强化预警、防范和应急能力，制定周密详尽的安全管理规程，包括出国员工行前安全培训、境外投资环境与风险评估、日常安全行为规范、突发情况处置程序与措施等等。

五是大力培养安保专业人才。安全风险意识淡薄，安全投入不足，风险管理缺位，必然导致企业安保人才队伍长期匮乏。在此背景下，即便多数国企和大型民企开始重视安全风险管理，也往往缺乏企业安全成本管理的大环境，使境外经营管理人员素质参差不齐，外语沟通有障碍，涉外工作能力不强，跨国经营管理水平不高，特别是缺乏训练有素的涉外安全管理人才，风险预警滞后缺位，危机处置事倍功半。随着企业安全成本意识与管理体制机制逐步到位，培养高素质安保专门人才必然提上日程。这方面，既需要企业自身主动创新探索，也需要政府有关部门和社会各界大力协助。

六是国企发挥表率作用。国企是中国“走出去”企业的“航空母舰”，在应对境外员工安全风险方面能够而且应当发挥领军作用。多年来，商务部与国资委等有关部门已经充分意识到境外员工安全风险的紧迫性与复杂性。2004 年商务部《关于境外投资开办企业核准事项的规定》尚未明确涉及企业境外安全问题。2005 年商务部印发《境外投资开办企业核准工作细则》，开始强调核准过程要重点关注东道国政局与社会稳定、恐怖主义是否猖獗、外商投资企业与人员安全能否得到保证，却未明确要求对外投资企业增强风险预警和应对能力。2009 年《境外投资管理办法》第 23 条明确规定，企业应当落实各项人员和财产风险防范措施，建立突发事件预警机制和应急预案，并接受驻外使领馆在突发事件防范、人员安全保护等方面的指导；在境外发生突发事件时，企业应当及时、妥善处理，并立即向驻外使领馆报告。但此项管理办法仍未要求企业履行社会责任。2011 年 8 月 23 日商务部、国资委签署的协作备忘录，2012 年商务部等七部委联合出台的《中国境外企业文化建设若干意见》，2014 年商务部修订的《境外投资管理办法》，都不同程度地要求投资境外的企业遵守投资目的地法律法规，尊重当地风俗习惯，履行社会责任，做好环境与劳工保护、企业文化建设等工作。可见商务部与国资委等部门在规范国企安全管理方面是越来越自觉的，大型国企在应对境外员工安全风险方面也在逐步成熟。但不能让大量境外民企游离于安全风险管控体制之外。如何借助中国民营企业联合会、亚布力论坛等平台，宣传推广国企安保经验，也是值得探讨并可大有作为的问题。

（三）传媒角色

随着全球化加速发展，社会信息化水平日新月异，传媒比以往任何时候都更广泛、更深刻地影响着未来人类社会的发展。因此，有效应对境外中国公民安全风险，中国传媒具有不可替代的作用。

1. 传媒职能定位

传媒、媒体、大众传媒，均指信息发布者与受众间的媒介体，包括复制、传递信息的机械装置和发布组织、团体，乃至个人的出版物、影视、广播节目等载体。

传媒或媒体概念源于拉丁语“Medium”，意为居间。《诗经·卫风·氓》有“匪我愆期，子无良媒”，古语有“无云不下雨，无媒不成婚”。汉译将“Medium”音译为“媒介”，清楚准确地表达出英汉两词的本意，堪称绝译。

当代传媒有印刷和电子两大类，各具特点。印刷类传媒属传统媒体，主要包括报纸和杂志。其中，报纸发行量大，受众面广；报道与分析全面、系统、深入、细致，信息翔实；信息具有可选择性，读者可根据需要和爱好，在大量信息中凭兴趣和需要阅读；信息具可保留性，对有价值的信息，读者可选择永久保存备索；且成本低廉，不必一次性投入太多资金。电子类传媒图文声并茂，转瞬即逝，难以在记忆中长期保留，很多视听节目具有强制灌输的特点，但物理存储更加便利，电子设备的技术含量和成本投入较高。

国际电信联盟着眼信息传输过程，将媒体分为五大类：感觉媒体，指直接作用于人的感觉器官，如声音和图像等；表示媒体，指图像编码、文本编码、声音编码等传输感觉媒体的中介媒体；表现媒体，指输入输出信息的媒体，如键盘、鼠标、扫描仪、话筒、摄像机等输入媒体和显示器、打印机、喇叭等输出媒体；存储媒体，指硬盘、软盘、磁盘、光盘、ROM 及 RAM 等存储信息的物理介质；传输媒体，指电缆、光缆等传输信息的物理介质。

按照系统论、控制论和信息论这三大现代科学方法论，任何社会单位，上到国家，下到社区，无论大小，都是系统。任何系统都需要某种控制，才能实现系统的有序存在。实现对系统的控制首先需要通过发布传播信息，引导与控制社会成员的思想与行为。信息流乃是社会赖以存在和发展的全领域、全时态的必要条件，就像生物机体的神经系统那样至关重要。正所谓人言可畏，在发达国家，通过传媒形成的社会舆论被称为立法、司法、行政外的第四大权力。媒体可造就一位总统，也可毁掉一位总统。

在应对公民境外安全风险过程中，传媒的角色与作用无疑深刻地影响着领保体制机制的运行效率，事关境外公民安全风险预警、防范和处置的成败。

2. 外国传媒做法

传媒是反映国家政治经济与社会发展状况的窗口。在美英等发达国家，传媒业相对成熟，有既定价值理念、思维习惯与行业规范，在维护其本国公民境外安全方面发挥着独特的作用。

一是反应敏捷高效。在漫长的历史进程中，发达国家媒体形成特有的价值取向，力求牢牢占据舆论道德高地，多数情况下奉行重民意、轻官府的行业理念。特别是在人权受到各国普遍高度重视的背景下，这些传媒对本国公民境外遭遇安全风险，有超乎寻常的敏感性。因境外公民安全风险属超级热点，关注公民境外安全风险，既能够博取公众普遍关注，扩大报纸发行量和广播电视收视率，又能通过报道政府救助，博取官方好感。发达国家传媒能够对公民境外安全保持高度关注，一个重要原因就是传媒业起步早，基础好，信息采集触角广，网络完备，覆盖率高。尤其美联社、路透社、德新社、法新社、时事社以及 CNN、BBC、NHK 等都是世界级传媒航母，绝大多数情况下能够首发或发布独家新闻。美国官员上班先看《纽约时报》、《华盛顿邮报》。境外公民遭遇安全风险，美政府官员第一时间要看 CNN。

二是注重客观真实。长期的民主政治经历造就了发达国家传媒业的职业传统，真实与客观被视为传媒的生命。涉及公民境外安全，这些媒体多在力求真实、客观的基础上，奉行亲民意、轻官府、褒内贬外的价值判断。危害发生后，对外，他们往往挑剔抹黑风险发生地的社会治理和安全环境；对内，他们既同情受害公民，也督促或赞扬政府救助。遇政府救助与公众期望有落差，往往倾向公众，批评政府，使政府面临巨大的舆论压力。政府也因此重视与媒体合作，发挥媒体的独特作用。

三是讲究职业精神。一方面，发达国家传媒竞争激烈，促使各大媒体竞抓新闻热点，抢报首家或独家新闻，争创品牌效应。记者敢于冒险，富有牺牲精神和责任意识。另一方面，发达国家重视维护公民境外安全，智库发达，专业化水平高。当公民遭遇境外安全风险，媒体便邀请专业人士深度分析，具体点拨支招，以稳定民心，避免群体性恐慌。

3. 中国媒体角色建议

改革开放30多年，中国媒体业经历了由小到大、由弱到强、不断开放与成熟的过程，在维护中国公民境外安全问题上发挥了建设性作用。着眼中外关系的未来发展和中国公民境外安全问题的复杂性，中国媒体需要锐意进取，开拓创新，塑造Smart媒体角色，发挥更大的建设性作用。S：support Chinese，意在多支持中国人海外移民、投资和参政；M：manage expectations，指引导中国境外公民和游客的期望值，引入自我安全意识；A：alert，增强法律教育和法律意识；R：realistic，指遭遇安全问题时，要正视现实，提倡依靠现有资源，谋求最优化解决方案；T：timely，即突发事件发生后，须尽快确保有中国媒体人在场。具体如下：

一是努力打造信息航母。近十年来，中国媒体密切跟踪中国公民境外安全问题，对维护中国公民境外安全功不可没。从新华社、央视到各大门户网站，都能在第一时间对重大境外安全风险作出反应，跟踪报道。但与上述发达国家传媒航母相比，中国媒体触角少，覆盖率低，驻外记者在捕捉采编新闻方面缺乏进取心与主动性，即使涉及中国公民的境外安全风险，也很难做到首发独发必我。结果是，中国公民遭遇境外安全风险数万案例，见诸媒体的却屈指可数，媒体习惯于集中甚至滚动式报道高危地区的重大案例，却不重视采编简讯，大量案例被埋没忽视，中国公民境外安全风险研究因此缺乏必要的统计数据和资料积累。在大数据时代，有效应对日趋复杂的中国公民境外安全风险，离不开充足的数据支撑。当代中国媒体必须充分利用日益增长的综合国力，适应包括公民境外安全风险在内的日渐增长的信息需求，努力打造与世界级大国相适应的世界级传媒。

二是大力弘扬传媒职业精神。随着中国从追求简单粗放的规模效应转向追求复杂精细的质量效益，各行各业都面临更加职业化、专业化的考验。适应维护中国公民境外安全的迫切需要，中国媒体需要更加鲜明的职业精神。这包括相对独立、求真务实、客观公正。相对独立是说媒体要密切跟踪境外安全形势，切实为公众和政府提供高质量安全信息服务，而非简单地做政府的“尾巴”和“传声筒”。求真务实乃指信息采编力求准确，避免似是而非、含糊其词、瞒天过海。客观公正指真实地反映境外公民安全风险的是非曲直，既要维护中国公民境外安全，也不忌讳境外中国公民的过失，不掩饰政府与企业等相关单位的责任，不无理指责东道国社会管理与安全保障的欠缺。

三是开辟中国特色的智慧媒体道路。中国特色社会主义道路、中国特色大国外交，要求中国媒体相应地走中国特色的智慧媒体道路。未来中国与外部世界的关系将日益复杂，中国公民境外安全风险无论如何都是绕不过去的事情，主流媒体该从长计议，开展专题报道，设立专业平台，开辟讨论专栏。要充分依托政府、企业、智库和专业安保公司等资源，努力在实践中培养具有高度专业化的境外公民安全风险评估专家学者队伍，搭建起数据充足、传输顺畅、沟通高效、集思广益、相得益彰的中国公民境外安全信息服务平台。在实践中，充分发挥媒体的独特作用，努力推出具有中国特色的公民境外安全事务专家。同时，对于公民在境外遭遇恐怖、凶杀等血腥案例，要具有高度敏感性，报道时须力戒单纯博取眼球的商业冲动，引导冷静理性思考，避免引发社会恐慌心理。

（四）市场角色

市场是与国家、社会、媒体等并存但相对独立的范畴。其独特属性使之不仅能够在社会发展中扮演不可替代的角色，在维护境外公民安全方面，也同样能够且应当发挥其独特作用。中国通过改革开放而释放出的市场力量，不仅为中华民族伟大复兴插上了翅膀，也将为境外中国公民安全提供可靠保障。

1. 职能定位

市场古时指交易场所。现时，市场既指交易场所，也指交易行为。综合意义上的市场是劳动分工和商品经济的产物。哪里有分工，哪里有交换，哪里就有市场。分工越细腻，交换越迫切，产品越具有商品性，市场便越发达。交易量及其容量决定市场规模，市场发育发展程度是衡量经济社会发展的重要尺度。

市场构成要素有供应方、需求方和商品。商品可以是实物，也可以是服务。决定市场规模和容量的有购买者、购买力和购买欲望这三要素。参与各方通过市场交流供需信息，市场则通过价格、利率、汇率变化等进行收益分配，自发地调节和优化生产要素配置，促进经济与社会进步。古典经济学创始人亚当·斯密在《国富论》中形象地将市场比作“一只看不见的手”。

相对于政府、社会和媒体等范畴，市场对社会需求的感知要敏感得多，反应要快捷许多，成本相对低，效益相对高。市场对社会需求的感知与反应能力是任何其他相关方面都无法比拟、难以替代的。

维护境外公民安全，政府、企业、媒体乃至个人的作用固然都很重要，但在全球化高度发达、公民出境规模急剧膨胀、境外公民足迹遍及几乎每个角落的条件下，政府和企业等救助主体难免日益捉襟见肘。引入市场因素，培育市场力量，借助市场机制，充分发挥市场参与各方的作用，将为政府主导的领保体制机制提供强有力的辅助补充作用，使公民境外安保建立在更加稳定可靠、更加廉价高效、更加可持续的基础上。

2. 发达国家安保市场

市场由交易场所、交易主体（买卖方）和市场规则这三大要素构成。发达国家市场经济运行几百年，安保市场发展起步早，环境好，规模大，发育成熟，运行机制健全。

一是历史悠久。有据可查的最早的私人安保公司是 1901 年由霍格雷夫在哥本哈根创立的 KFN 安保公司，即后来的福尔克公司，与 Group 4 合并，称 Group 4 福尔克公司。哈里伯顿公司（Haliburton）成立于 1919 年，主要为能源、工程和建筑业提供安全服务，美前副总统切尼曾在该公司任职并持有股份。伊拉克战争期间，该公司曾获得大量合同，并为联军提供后勤管理和保安服务，业务遍及120多个国家。美“战斗支持合作社”成立于1951年，1959年在纽约证交所上市。总部设在弗吉尼亚阿灵顿的全球著名安保公司CACI安全公司，1962年便挂牌营业，在北美和西欧有100多家办事处。20世纪70年代以来，发达国家美国、以色列成立安全服务公司，如以色列著名的安全公司BENITal、美国的黑水安全咨询公司等。

二是实力雄厚：一类是私人军事公司，既提供民间安保服务，也承揽大量与军事部门高度相关的业务，甚至装备有武装直升机等高科技武器装备，直接参与军事行动。如美国黑水公司从五角大楼承接大量业务订单。目前全球私人军事公司有100多家，主要集中在美国、英国、以色列和南非等国，其中美国的军事职业资源公司、KBR公司、黑水公司，南非的SO公司、SI公司5家规模最大，雇员均在万人以上。二类是私人安保公司。全球最大的私人安保公司G4S（Group 4 Securicor，LSE、GFS、OMX、G4S），中文全名为士瑞克保全，前身是Securicor，2004年与丹麦著名公司Group 4 Falck合并，改名为G4S。该公司在英国上市，专门提供物业、名贵商店、银行保安、名人保镖、现金和珠宝押送、警钟系统等安全服务，有60万雇员，仅次于沃尔玛（220万）和鸿海集团（富士康母公司，130万）。丹麦著名安全公司Group 4 Falck总部在哥本哈根，合并前就号称全球第二大安全服务商，业务遍及85个国家，雇员24.5万人。

三是触角广泛。从地域范围看，风险控制集团在130多个国家拥有5300个客户，其中86家是《财富》500强企业。与Securior合并前，丹麦Group 4 Falck就在85个国家有业务，合并重组后的 G4S 业务遍及 115 个国家。从业务范围看，全球著名大安保公司提供的安全服务包括危机与风险管理、情报与咨询、欺诈调查、监视、技术反侦察、反恐怖、反偷窃、人质解救、海上安全、航空安全、贴身保卫、武装护送、军事和民用培训、防务产品销售、安全计划制订、渔业保护、信息技术安全、通信安全、人员安全、要害地点保卫，几乎无处不在。伊拉克战争期间，英国在伊拉克有私人安保公司 181 家，雇佣 2.1 万名英国私人保镖，几乎占英国保镖的一半，私人保镖与驻伊英军的比例是 3∶1，在伊拉克遇袭身亡的私人保镖多达 827 人。1991 年海湾战争期间，美军事人员与安保人员之比是 50∶1。2003 年伊拉克战争期间，美军事人员与安保人员之比是 10∶1。仅黑水公司在伊拉克就有 861 名雇员。

四是交易量大。CACI 安全公司 2003 年实现收入 8.431 亿美元；以提供电子信息技术产品服务的泰坦公司年销售收入达 20 亿美元；黑水公司 1997 年成立，次年营业，当时只有 6 人，“9·11” 事件后，该公司业务猛增，从 2002 年到 2005 年收入增长 600 倍。

3. 中国安保市场分析

参照发达国家海外安保市场，着眼中国公民境外安全形势的特点与趋势，当可大致把握中国海外安保市场的现在和未来、目标与路径。

中国安保市场需求无限。至少近中期，中国公民出境人员急剧增加，政府领保体制、机制、能力短期难以摆脱滞后局面。当下和未来中国改革的主题是调整行政结构，简政放权，大幅度地增加领保队伍编制并不特别现实，政府领保能力与中国公民境外安全需求不相适应的矛盾势必日益突出。出路何在，路在市场。早在2013年，新华社就刊文指出，海外中国人遇袭事件频发，建立中国海外安保公司应该提上日程。

安保力量先天不足。中国企业和中国公民走出去起步晚，速度快，风险骤增，多少令政府、社会、市场措手不及。我们看到，随着改革开放进程不断加快，从20世纪90年代开始，国内安保市场发展迅速。据2013年底统计，中国时有私人安保公司3700家，雇员450万人，现在据称已逾4000家。这些公司的业务涉及武装押运（银行运钞车）、社区保安、要点护卫和私人保镖等。这些私人安保公司多隶属各地公安机关，成为市场经济迅速发展背景下公安系统的重要补充。但是，绝大多数此类安保公司经营管理的专业化水平有限，从业者多属文化程度不高的人员，缺乏系统安保训练，基本业务素质有不少欠缺，具有国际视野、创业魄力、高度专业化的境外安保公司几乎没有。形成这种局面的原因，一是中国长期不在境外派驻一兵一卒，即使退役特种兵也缺乏境外历练，缺乏高素质境外安保从业人员。二是绝大多数境内安保高管缺乏广阔的国际安全视野，对境外安保市场需求感知迟钝，创业魄力不足，专业基础和技能匮乏。对境外安保，他们往往是看到想不透，想做不敢做，畏首畏尾，错失良机。

相比之下，此前尚具国际视野的私人安保公司当属山东华威保安集团。2014年12月20日，华威雷德保安公司在南非约翰内斯堡正式成立，山东华威保安集团占49%股份，南非雷德保安公司占51%股份。山东华威集团是国企改制后成立的股份制民营集团公司，目前公司资产 5000 万人民币，雇员 3500 多人，大致沿袭国企行政体制，负债累累，前途堪忧。

外部同业竞争压力巨大。德国《明镜周刊》认为，因西方私人军事公司早已瓜分完欧美企业的安保市场，发展势头强劲的中国企业便成为它们垂涎的“新兴利益增长点”。美国 KBR 公司负责人曾表示，进军世界的中国企业对安保服务需求很大，而中国至今没有一家能提供类似服务的公司，“这对我们来说是个绝好的机会，如果能在这个市场站住脚，财源必将滚滚而来”。最近几年，美国黑水公司已经将目光转向中资企业。在此背景下，如果中资安保企业继续徘徊观望，错失机遇，必将在很短时间内面临发达国家优质安保公司的强大竞争压力，生存发展环境堪忧。三是安保产品供应奇缺。

中国安保市场必须质与量并重、规模与效益并重。面对上述复杂形势，中国安保行业必须警觉猛醒，迅速行动起来，不能继续徘徊观望，慢踱方步。

首先，必须大造声势，凝聚创业共识，促使中国境外安保行业来个粗放式大发展。毕竟，中国境外安保市场需求无限，现有安保企业无法满足这种需求。目前产业规模小、同业竞争少的状况，势必制约中国境外安保产业的专业化水平。唯有效竞争，才能大浪淘沙，推升行业整体发展水平。

其次，打造行业平台，运用互联网思维，最大限度地整合境外安保资源，强化境外安保力量建设的专业化。鉴于中国是联合国五大常任理事国派出维和部队最多的国家，要瞄准那些退役维和部队官兵，为他们发挥经验才干提供新平台。依托国际问题研究领域那些专注海外安全问题的专家学者队伍，为中国境外安保力量发展提供有效的智力支撑。疏通与政府领保机构、传媒、境外中资企业、旅行社、留学中介机构、境外中华商会的信息交流与合作渠道，努力实现信息即时传递共享，提高安保救助效率。积极与G4S等发达国家著名安保公司建立横向合作关系，借鉴其运作模式，提高中资安保企业的专业化水平。

最后，明确职能定位，制定行业规范，建立理性有序的市场环境。秩序事关效率，有规则、重信誉、守秩序的市场环境是产业发展的重要条件。一方面，需结合制定领事保护法，从法律法规层面界定中国境外安保公司的职能定位，清晰地划分市场与公权力的权责利边界。如，中国法律禁止非执法机构和个人持枪，但要鼓励中国境外私人安保公司开展境外安保业务，就需明确规定相关持枪资质和检验责任。又如，在中国军队暂时还难以大规模派驻海外的情况下，充分发挥私人安保公司对海外领事保护的辅助作用，也涉及公权部门参照国际标准向中资安保公司购买服务的程序问题。另一方面，也需通过行业协会，制定行业运行规则和公司行为规范，鼓励公开、透明、理性竞争的市场氛围，避免不正当竞争恶习滋生泛滥，确保中国境外安保市场的健康有序发展，助力中华民族伟大复兴的“中国梦”早日实现。

（五）个人角色

中国公民境外安全风险应对是个系统工程。除政府主导外，企业、媒体、市场和中国公民个人均有独特角色。维护中国公民境外安全，中国公民自身的角色与作用不容忽视。

1. 个人角色定位

在应对中国公民境外安全风险体系中，单个中国公民具有特殊角色和作用。

一是危害目标。不管国企还是民企员工，也不管游客还是留学生，每个具体的中国公民都是境外活动主体，自然也是境外安全风险的最主要、最直接的承受者。中国公民在境外遭遇安全风险危害，也在一定程度上体现着我国家利益的边界与风险。

二是救助对象，即国家领保体系的救助对象。国家的根本职能是维护国家主权、领土完整和民众安居乐业。国家境外领事保护的根本任务就是保护本国公民在境外的人身和财产安全，属于维护民族尊严和国家利益的应有之义。领保水平是国家意志和国家能力的重要标志。

三是责任主体。应对中国公民境外安全风险是系统工程，单个中国公民是应对此类风险的第一责任人。每个境外公民自身角色扮演好了，则中国公民境外安全风险应对就能事半功倍，反之，则相反。从另一方面看，单个中国公民境外应对安全风险的能力和水平，多少也反映了政府、企业、媒体和市场的效力。

2. 个人角色体现

在系统应对中国公民境外安全风险过程中，能否有效发挥单个中国公民的角色，在很大程度上取决于公民的安全素质。这种安全素质大致表现为三种能力：

一是安全预知能力。个人能够在安全风险形成或置身风险前就预先设想到可能遭遇的自然风险和社会风险。自然风险包括驻在国的自然环境特点，常见自然灾害类别、程度与周期性规律。例如，美国多龙卷风、日本多地震等。预知社会风险，需要事先了解驻在国经济社会发展水平、社会矛盾、风土人情、政局特点、社会治安和对华双边关系状况，并能大致判定何时、何地可能遭遇何种安全风险、作案者属何类人、作案动机是什么、危害目标是什么人、如何实施作案。对于自身状况也要有足够的认知，如自身是否具有脆弱性，是否具有招致风险危害的条件和潜质。凡事预则立，不预则废。不管是境外淘金客、领略域外的旅游者，还是接受先进科技文化教育的留学生，都必须有足够的超前意识、风险意识、忧患意识。

二是风险防范能力。就是功夫下在风险发生前，从而最大限度地防止、规避、远离风险，降低风险的实际危害。这就是说，要把前述风险意识、忧患意识转化为具体的行动措施。这包括：旅行前，准备和检查必备的旅行文件与备份；出入境过关，行李不离手，谨防被私塞违禁品和爆炸物；乘机后，要注意观察紧急出口，留意周边是否有醉汉、精神病人和情绪失控者；抵达目的地后，尽量乘坐公共交通工具，打车找信誉好的公司和证件齐全的出租车；认真对待中国使领馆安全提醒，设法获取中国使领馆联系方式以备求助；休闲逛街最好结伴而行，避免炫富；下榻宾馆后，不轻易应声开门，进出房间前先留意门口有无行迹可疑者；租车自驾出行，随身携带租车文件，熟悉交通线路和规则，警惕突然袭击；在远离城市和人口密集区的工地居住，须安装报警、防护和逃离设施，等等。游客须特别注意盗抢风险，企业员工要特别警惕暴恐袭击和绑架，留学生要特别留意驻地安全形势，避免单独出行，要谨慎交友。对于低龄化留学生，家长最好聘请专业人员或安保公司提供日常安保监护、咨询与服务。

三是应急处置能力。指安全风险业已发生后如何应急处理。应急处置能力与风险预知能力、风险防范能力相互关联，相辅相成。足够的风险意识、忧患意识和风险防范能力，构成应急处置能力的基础和前提。显而易见，如果安全观念淡漠、风险意识薄弱、忧患意识不足、风险防范缺位，就不可能有较强的应急处置安全风险的能力。良好的应急处置能力包括如下几方面：

保持冷静。无论遭遇自然灾害还是社会风险，不管是暴恐、绑架还是抢劫，都能凭借自身既有的安全防护知识，尽可能做到遇事不慌，避免六神无主、惊慌失措。尤其单独遭遇安全风险时，要能够在最短时间内判明风险性质、危害程度、回旋余地。

迅速报警。遭遇安全风险后，凭借事先准备的联系方式，第一时间报告中国驻外使领馆、国内外隶属单位、当地警方或迅速求助当地亲朋好友报警，方便职能机构和专业人员及时救助，最大限度地减少风险危害。遭遇特别复杂棘手的安全风险，还可求助国内外安保公司提供安保救助服务。

设法自救。面对突如其来的安全风险，在努力保持冷静的前提下，或报警后等待救援的同时，要积极主动地观察分析自身处境，根据风险类别和危害程度大小，寻找和分析自救方法和路径。例如，遭遇自然灾害时，要尽量选择安全地带，避免继发伤害；遭遇交通事故，要在保护好现场的前提下，力所能及地展开自救互救；女性遭遇强暴威胁，宜巧妙周旋，设法拖延，伺机逃离；遭遇武装抢劫，宁愿破财免灾，少做徒劳抗争，避免激怒对手；遭遇绑架时，可根据实际情况，适时缓和紧张气氛；遭遇军警无理扣押时，努力稳定情绪，不激化矛盾，避免无端伤害，等等。主动有效的自救将大大减轻安全风险造成的伤害。

3. **个人角色塑造**

不管是安全预知能力、风险防范能力，还是应急处置能力，良好的公民个人安全素质并非与生俱来，也不会凭空产生。自觉学习、主动接受培训和实践感知这三个环节缺一不可。对此，政府部门、各类企业、学术团体、媒体和市场的作用同样不可或缺。国家驻外领保机构定期不定期发布安全预警和提示，有利于增强公民个人的安全观念、风险意识；雇主企业需要增加安全成本投入，邀请专业化安保公司协助制定详细可操作的安全手册，并对出境员工进行科学系统的安全培训；相关智库学术团体需大力加强公民境外安全研究，努力探讨境外安保工作的特点与规律，总结分析境外公民个人心理、思维与行为模式，努力开发针对性强、可操作的安全培训教材；媒体随时发布境外相关安全风险信息，开办专题栏目和专家讲坛，播放境外安全风险系列视听材料，都能强化公民个人安全观念和风险意识；专业安保公司要与各类公民派出单位建立广泛持久的战略合作关系，坚持规避防范为主、被动应急处置为辅的方针，努力提供全天候咨询，展开广泛、系统、持久的公民出境前安全培训，随时提供风险救助服务，做驻外领保机构的有力帮手，为维护境外中国公民安全提供可靠保障。

总之，维护境外中国公民安全是系统性工程，只有在驻外领保机构、企业、智库、媒体、市场和个人间构建顺畅的信息共享与合作平台，充分发挥系统性优势，才能有效增强中国公民境外安全水平。让我们携起手来，为境外中国公民的安全而共同努力！

课题组成员及撰稿人

刘鹏辉

1965年4月生，中国社会科学院法学博士，2004年法学所博士后出站，曾任“北京太平洋国际战略研究所”所长和《战略与管理》杂志主编，著或主编《白宫新主——克林顿传》（世界知识出版社1993年）、《应对危机：美国国家安全决策机制》（时事出版社2001年）、《美国人文社会科学现状与发展（部分章节）》（中国社会科学院重大研究课题）（社科文献出版社2001年）、《俄罗斯国家安全机制》（时事出版社2003年）、《发达国家政府管理制度文库》丛书（时事出版社2001年，42本，1200万字）。顶针安全公司主要创始人。

郭长林

1951年4月生，加拿大西蒙弗雷泽大学政治系文学硕士，曾任中国现代国际关系研究所（现代院前身）美国研究室主任、研究员，中国常驻联合国代表团和驻美国使馆公使衔参赞。长期跟踪研究美国内政外交和中美关系，主持撰写大量研究报告，在国内外中英文报刊杂志发表许多文章，曾接受美国CNN、加拿大CBS、日本NHK以及以色列和韩国等国媒体的访谈，应邀在北京大学、中国人民大学、外交学院、哈佛大学肯尼迪政治学院、哥伦比亚大学东亚研究中心以及纽约大学石溪学院做学术演讲。享受国务院颁发政府特殊津贴。顶针安全公司主要创始人。

王在邦

1953年5月生，南京大学历史学博士学位，曾供职于中国现代国际关系研究院，任研究员、博士生导师、副院长，专长国际战略与中国外交问题研究。撰写大量研究报告，主持国内首次运用数理方法研究国际政治的重大课题《主要大国综合国力比较研究》，专著《霸权稳定论批判——布雷顿森林体系兴衰的历史考察》（时事出版社1994年），合著《中国崛起的国际环境评估》（天津人民出版社1998年），参与主编《国际关系史》第十一卷等，专论和时评近百篇，曾兼职中国国际关系学会常务理事等。享受国务院特殊津贴。顶针安全公司创始人之一。

尚前宏

1967年生，北京大学国际政治系法学学士，中国现代国际关系研究院法学博士，1989—2013年就职于中国现代国际关系研究院，先后任副研究员、研究员和副处长、处长，撰写研究报告上百篇，发表文章数十篇。顶针安全公司研究员。

白　雪

1984年5月生，山东财经大学国际经济与贸易专业本科，英国莱斯特大学金融学硕士。曾任国内知名信息咨询公司研究员，参与编写多份《行业研究报告》、《专题研究报告》。顶针安全公司研究专员。

后　记

保障中国公民境外安全，乃是实现中华民族伟大复兴的“中国梦”绕不过的坎。2013 年，我从中国现代国际关系研究院副院长任上退休。不久，刘鹏辉博士和现代院老同事郭长林等人谋划创立顶针安全信息技术公司，为中国公司和公民境外安全提供全方位服务，并诚邀我加盟。于我，从事国际问题研究几十年，对近十年中国企业和中国公民遭遇的境外安全风险，耳闻目染，感触良多。能有机会为维护中国企业和公民境外安全发挥余热，也责无旁贷。

必须指出，呈在读者面前的这份《中国公民境外安全报告（2015）》是集体智慧的结晶。起草该报告的创意来自顶针安全公司董事长刘鹏辉博士及旗下顶针智库负责人郭长林研究员，他们对报告立意、主旨、架构贡献良多。国务院有关机构领导对报告的深度与广度给予了高屋建瓴的指导。课题组成员尚前宏研究员、学术助理白雪夜以继日、任劳任怨地搜集整理资料，高质量地完成了有关章节的写作。公司网站主编刘春晓积极参与、献智献策、认真组织校对，公司培训部辜芸经理、美国华盛顿大学中国留学生黎松霖在中国留学生海外安全相关资料的搜集上付出了很多心血。

本报告是十年来国内首份全面搜集、系统梳理和深入分析中国公民境外安全风险的研究报告，属填补本专业领域空白的“开山之作”。此前，每逢中国公民遭遇境外重大安全风险，都不同程度地牵动党和国家领导人的神经。媒体多能迅速跟踪，深度报道。外交部、商务部等相关政府部门高度重视中国公民境外安全保障，积极调整完善体制机制，强化危机预警和处置，取得了显著成效，积累了丰富经验。所有这些，都为本报告撰写提供了坚实的基础。从实现中华民族伟大复兴“中国梦”的高度，希望本报告能够为外交部、公安部、商务部、国资委等主管部委的思考与决策提供某种参考，也能为国企、民企以及中国公民个人出境提供参照，引发全社会特别是媒体学界更加重视中国公民境外安全保障问题研究，共同为增强国人安全意识、完善安全保障体制机制、培育安保市场建设、提高中国公民境外安全水平而努力。同时，作为首份中国公民境外安全报告，因时间仓促和作者水平所限，难免挂一漏万，偏颇失度，诚待读者批评指正。

最后，本报告能顺利付梓面世，幸赖时事出版社王基建社长、苏绣芳副社长慧眼力助，特此致谢。

王在邦

2015 年 7 月 20 日 北京